# 教室の風景

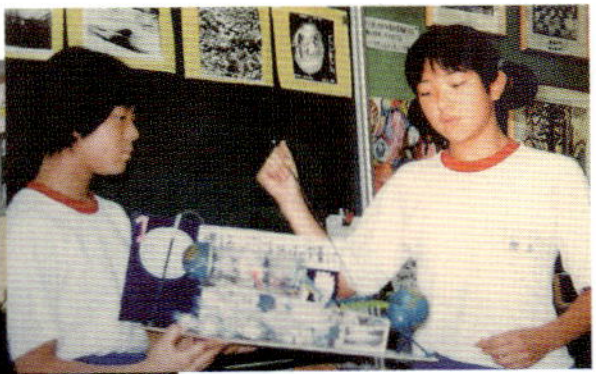

# 生徒たちの作品①

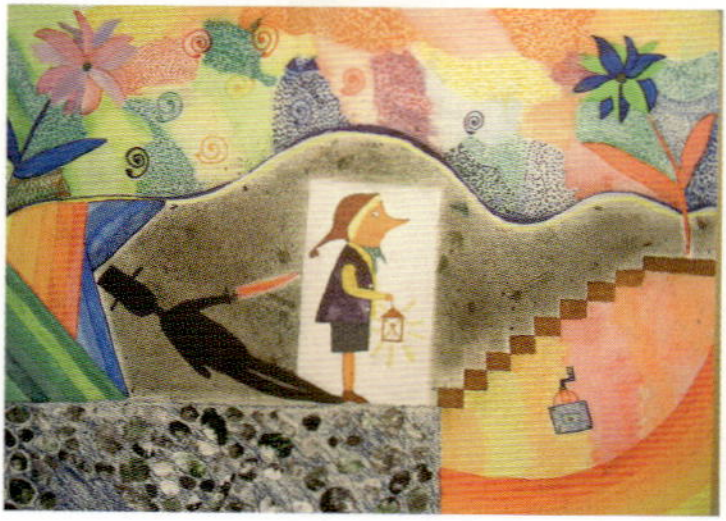

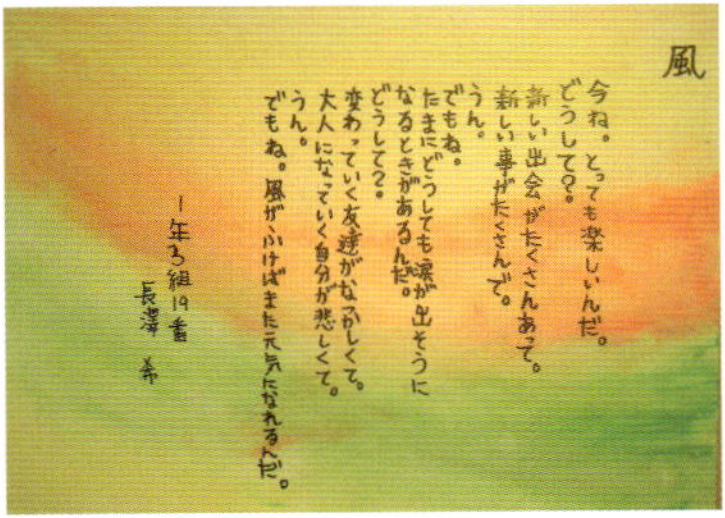
風
今ね。とっても楽しいんだ。
どうして？
新しい出会いがたくさんあって。
新しい事がたくさんで。
うん。
でもね。
たまにどうしても涙が出そうに
なるときがあるんだ。
どうして？
変わっていく友達がなつかしくて。
大人になっていく自分が悲しくて。
うん。
でもね。風がふけばまた元気になれるんだ。
1年3組19番
長澤 希

ウォーターリサイクルシステム
この機械で使用済みの水を何度も使う。強力なバクテリアで悪臭と汚物を分解。水の節約と共に『自分が出した水』として責任をもつことが最大の利点だ。

バクテリアを殺してしまう石油製洗剤は使わず天然の植物油のみの使用となる。

コンクリートの道も水がしみこむものにかえる。

貯水タンク

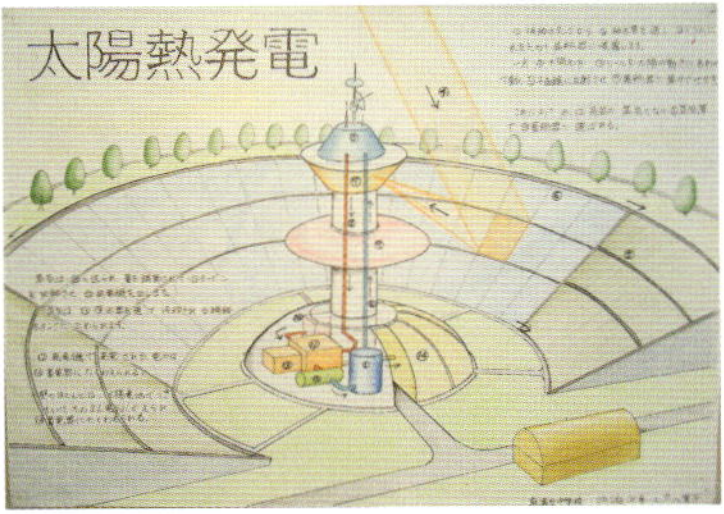
太陽熱発電

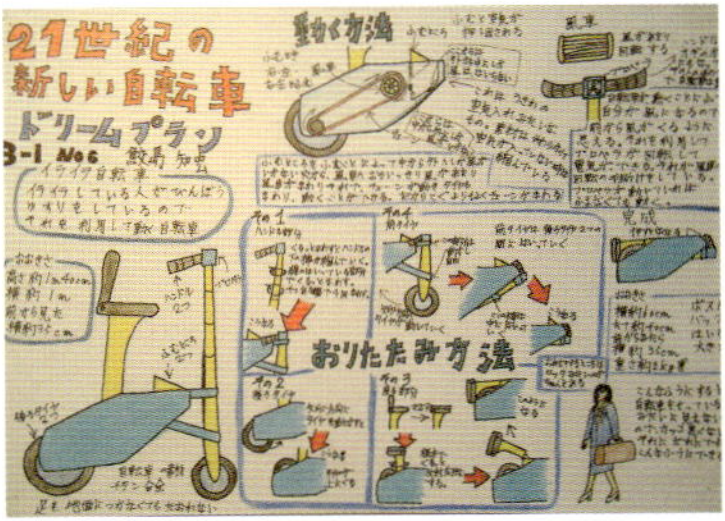
21世紀の新しい自転車
ドリームプラン
3-1 No6 鮫島知宏
イライラ自転車
イライラしている人がびんぼうゆすりをしているのでそれを利用して動く自転車
おりたたみ方法

# 生徒たちの作品②

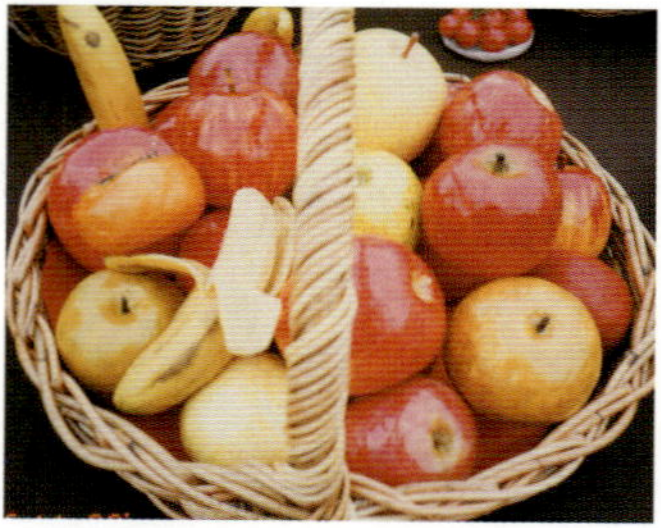

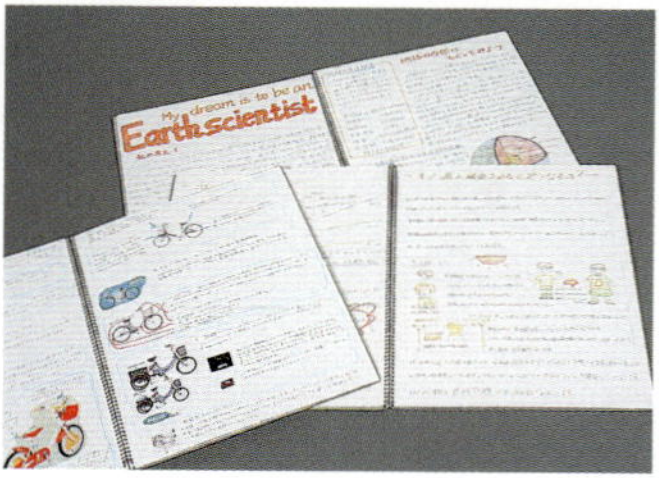

**太田恵美子**（おおた・えみこ）
1940年旧満州・ハルビン生まれ。女子美術大学芸術学部卒業。36歳で神奈川県公立小学校教諭になり、中学校美術教諭を経て2001年3月退職。現在、（NPO法人）グローバル ドリーム ビジョン インターアクション理事長、日本教育政策提言機構「夢塾」主幹。

新潮文庫

# りんごは赤じゃない

## —正しいプライドの育て方—

山本美芽著

新潮社版

7727

# 目次

# りんごは赤じゃない

## 正しいプライドの育て方

## はじめに　美術室に現れたVIP

吐いた息が、湯気のように白く曇った。

二〇〇〇年一月のある朝、国立近代美術館館長の辻村哲夫《つじむらてつお》は、神奈川県相模原市《さがみはら》にある麻溝台《あさみぞだい》中学校まで、都心から一時間半ほど電車を乗り継ぎ、さらにタクシーに二十分乗ってやってきた。

一九九九（平成十一）年に発行された小学校の学習指導要領の解説書を開くと、最初のページに「文部省初等中等教育局長　辻村哲夫」の名前がある。現在は退任しているというものの、辻村が一九九六年から一九九九年まで在職していた初等中等教育局というのは、日本の幼稚園、小学校、中学校、高等学校について管轄《かんかつ》しており、文部省（現・文部科学省）の中でも中心的な役割を果たす重要なセクションである。この局長といえば、文部大臣、事務次官に次ぐポストだ。「元・文部省のお偉いさん」である辻村が、学校現場に来るとなれば、神奈川県や相模原市の教育委員会から、指導主事と呼ばれる教師出身の行政マンたちが、ゾロゾロとお供をしてきても、けっして不思議はない。しかし辻村は、たったひとりでやってきた。

玄関には、冷たくなった手をこすりあわせながら、ひとりの女性が辻村の到着を今か今かと待ちかまえていた。

「まあ、辻村先生！　遠いところを、ようこそいらっしゃいました」

笑顔で出迎えたのは、この中学校で美術の教師をしている太田《おおた》恵美子であった。シヨートヘアに黒いパンツスーツ、胸元には鮮やかなピンクのスカーフ。定年を間近に控えているというのに、十歳は若く見える。

女子美術大学図案科を卒業した太田は、結婚してからは専業主婦として子育てに専念していたが、三十六歳のとき一念発起して小学校の教師になり、またたく間に指導者としての才能を発揮しはじめた。中学校に美術教師として異動すると、わずか二年目にして教え子が「読書感想画中央コンクール」で最優秀賞を獲得。これは社団法人全国学校図書館協議会と毎日新聞社が主催し、凸版印刷や大和証券が協賛・協力している全国的なコンクールで、現在は小・中学生と高校生、合わせて四十万人以上の応募がある。このコンクールに多数の入賞者を輩出し続けたことで指導力が高く評価され、のちに「読書感想画中央コンクール」審査委員長を務めるまでになる。生徒の作品はたびたび美術の教科書に掲載され、海外の展覧会に出品されたり、ユネスコの国際コンクールで入賞したこともある。近年はテレビで授業の様子が放映されてもいる。勤めているのはごく普通の公立中学校だが、この女性教師は卓越した指導力を持っていた。

「いやあ、今日はお世話になります」と太田に挨拶《あいさつ》しながら、辻村ははじめて訪れる中学校の玄関を見渡し、そこに飾られた色鮮やかな生徒の絵に目を止めた。独創的な構図に、鮮やかな色彩、細密なタッチ、そこに込められた作者の意志。中学生とは思えない、完成度の高い絵。いったいどんな授業を受けたら、中学生がこんな絵を描くようになるのか――辻村がたったひとりで太田の授業を参観しにきたのは、その秘密を解くためだった。

年度も終わりに近いその日の授業は、三年生が自分の将来の夢を一枚の絵に仕上げて、発表する時間にあたっていた。

「パン屋さんになりたい」「保育士になりたい」「看護婦になって国際援助活動に参加したい」。ひとりひとりの生徒がみんなの前に立ち、誇らしげに自分の描いた絵を掲げ、自分の将来の夢について堂々と発表し、聞き手の生徒たちも真剣に同級生の発言に耳を傾けている。生徒同士の発表だというのに、ひと言の私語もない。

前の日の夜遅くに地方から戻ったばかりだったが、辻村も熱心に聞き入っていた。

授業が終わってから、何人かの生徒がスケッチブックを見てもらおうと辻村のところに集まってきた。それらのスケッチブックには、絵ではなく文章がびっしりと書かれていた。自分の将来の夢について調べたことがまとめてあるのだ。「幼稚園の先生になりたい」と発表した少女のスケッチブックのページをめくっていた辻村の目に「幼稚園教育要領」という文字が飛び込んできた。「幼稚園教育要領」とは、小・中学校における「学習指導要領」の幼稚園向けに該当するもので、辻村が文部省にいたときに手がけていた仕事のひとつだった。

真っ白な画用紙に、中学生の字で「幼稚園教育要領」の文章が写してある。さらに、監修者として、辻村の知り合いの幼稚園課長の名前まできちんと書かれているではないか。こんなところでその名前を見ようとは、夢にも思っていなかった。

「幼稚園教育要領」を自分で探し出して調べることができる中学生がいることに、辻村はただ感動していた。「やらされた」のではなく「やりたくてやった」結果が、どのスケッチブックにも溢《あふ》れていた。

どうすれば太田のように、子どもを伸ばすことができるのだろう――その一端を見つけに授業を参観しに来たというのに、辻村はますます分からなくなっていた。ただ一つ確信できたのは、これほどまでに完成度の高い絵を毎年生徒に描かせることができる太田の教育方針を、より深く知る必要がある、ということだけだった。

# 第一章　自分の責任を自覚させる

## 生徒を迎える「オアシス」

東京の近郊に位置する神奈川県相模原市立麻溝台《あさみぞだい》中学校は、まわりを雑木林や住宅街に囲まれた公立中学校だ。神奈川県は、全国でも校内暴力が非常に多いと報告されている県であり、相模原市でも、中学校における校内暴力は決して少なくない。近年は窓ガラスが何百枚も割られたり、生徒の教師に対する暴力が日常化していたり、授業がまったく成立しないクラスを抱えるなど、かなり荒れた状態の中学校もある。

十年以上前にひどく荒れていた時期があったものの、現在の麻溝台中は、当時より落ち着いている。しかし、数人の生徒によるちょっとしたゴタゴタや、器物破損や補導事件がないわけではない。いわゆる「生徒指導」の大変さ——学校の荒れ具合を「荒れている」「普通」「落ち着いている」の三段階に分類すれば、「普通」に属するといっていいだろう。太田《おおた》恵美子は、この学校で全校生徒に美術を教えている。

美術室に足を踏み入れると、そこには花と緑にあふれた空間が広がっている。

やわらかい光がふりそそぐ窓の前には、赤やピンクのゼラニウムがお花畑のように並び、その上には、天井から一列につり下げられたポトスの鉢から、つやつやした葉がまるでカーテンのように垂れ下がっている。教室の四隅には、天井に届きそうなほど生長した観葉植物が青々とした葉を繁《しげ》らせていた。黒板の前にある大きな教卓は柔らかい色あいのテーブルクロスで覆《おお》われ、季節の草花がいつもさりげなく飾られている。

壁に隙間《すきま》なく飾られた色鮮やかな絵は、すべて卒業生や在校生の作品で、太田が指導したものだ。

ゼラニウムの枯れた葉をそっと取り除きながら、太田が言った。

「ちょっとしたお花畑みたいでしょ。一流ホテルみたいな、チリ一つ落ちていない美しい空間に足を踏み入れると『大切に扱われてるんだなぁ』って実感が湧《わ》くし、逆に監獄のような殺伐とした場所に放り込まれたら、虫けらのようにみじめな存在になったような思いがするじゃない？　週に一時間でもいいから、花と緑に囲まれた美しい雰囲気のなかで、自分は尊重されてるんだっていう思いに浸ってほしいと思って」

太田は美術室を心なごむ空間にしようと、大変な労力と費用を注ぎ込んできた。観葉植物やゼラニウム、テーブルクロスなどは、学校のお金では買ってもらえないので、自費で買い揃《そろ》えた。壁を埋め尽くす生徒の作品は、絵が美しく映えるようにわざわざ台紙をつけて額に入れている。額縁についても、学校で通常使われている塩化ビニール製ではなく、高価なガラス製のものを毎年少しずつ備品として増やしてきた。

植物の世話や額の絵を入れ替えるといった教室のメンテナンスは、成績評価や授業の準備のように「しなくてはいけないこと」でない分、後回しになりがちだ。しかし太田は、どんなに忙しいときも教室の整備を怠らない。教師に大切にされているという実感を味わわせ、生き生きとした植物の緑や、クオリティの高い絵に日常的に触れてこそ豊かなイメージが育《はぐく》まれることを、よく知っているからである。

当然ながら、生徒はみんな美術室に来るのが大好きだ。

「ここに来るとホッとする」

「いつもお花がきれいに咲いている」

「どこの教室も散らかっているのに、美術室はいつもきれい」

「この部屋には、太田先生の心を感じるよね」

作業の合間に、ふと窓ぎわの植物や壁に飾られた絵を眺め、生徒たちはおだやかな表情を浮かべる。

ここは、ホッと一息つける「オアシス」なのだ。

子どもを迎えるにあたって、太田はすべての要素に神経を行き届かせている。ボサボサ頭に疲れ切った顔、いつも同じ薄汚れた服を着たサエない教師に握手を求められて、子どもが嬉《うれ》しいと思えないとしても、仕方ない。子どもは正直だから、感じの悪い教師よりも、感じのいい教師の言うことのほうを素直に聞くものだ。

その魅力に吸い寄せられるのは子どもたちだけではない。生徒の絵の展覧会の表彰式などでは、背広を着た関係者たちが「太田先生」「太田先生」と集まってきて、人の輪がいつまでも絶えないほどだ。

感じよく威厳のある印象を作りだそうとして、太田はメイクやファッションについても、相当に気をくばっている。授業の合間の休み時間に、鏡に向かってサッと口紅を引き直し、髪をとかし、襟もとを整える。赤いはっきりした色の口紅は、元気でハキハキとしたイメージを演出してくれるのだ。洋服は教育者としての威厳を感じさせる「黒」のパンツスーツ。視線を集める色鮮やかなスカーフを襟元に巻いたら、太田のお決まりのスタイルが完成だ。ときには、きれいなパステルカラーのスーツを着ることもある。

学校の外で、昼に研究発表をして夕方にレセプションが行われることもある。そんなとき、昼にはスーツを着ていた太田は、夕方にはくっきりと口紅を引きなおして、華やかなブラウスとロングスカートで現れる。

こうした絶え間ない努力もあって、太田は五十代後半になっても、「オバサンくささ」ではなく「女性らしさ」を漂わせている。決して極上の美人というわけではないのに、太田は多くの生徒から「ステキ」だと思われているらしい。

## ふざけ半分は許さない

中学生が授業を受けているなかで、美術の時間が占める割合は、一年生では週に二時間、二、三年生は週に一時間しかない。したがって、太田と生徒が向き合える時間は、きわめて限られている。

太田はこの「限られた時間」で、生徒に何を教えられるかを常に考えている。まずは生徒に自分の話を聞く態勢を作らせること、それができなければ、どんな話をしようと生徒の心には届かないからだ。

中学校に入学したばかりの、はじめての美術の授業。チャイムが鳴っても、子どもたちは平然とおしゃべりを続けていた。この時点で「チャイムが鳴ったら授業にふさわしい態度に切り替える」という自覚は、生徒の中にまったく存在していない。授業を受けるという自覚のないふざけた態度を目にして、太田の顔から笑顔が消えた。目が鋭い光を帯びる。そして一喝。

「全員起立！」

その瞬間、誰もが動きを止めて教師の方を向き、おしゃべりが止《や》んだ。

「自分の教室へ戻りなさい！」

けわしい表情の太田を見て、生徒たちは戸惑いの表情を見せる。

グズグズしていると、さらに厳しい叱責《しっせき》が飛んでくる。

どうして太田が怒ったのか悟った生徒も、なぜこんなことを言われるのか理解できない生徒も、とりあえず自分たちの教室へゾロゾロと戻った。

廊下ではひと言も口をきいてはいけないと太田に注意を受けていた。でも、ここまで来れば大丈夫だ。ふう、とひと息ついて友だちに声をかけようと緊張がゆるむ。

しかし教室の中に入ると、そこには厳しい表情の太田が既に待っていた。自分たちより後に美術室を出たはずの太田が先に教室にいることの驚きと、威厳のあるまなざしに圧倒された生徒が、再度おしゃべりを始めることはない。足音や、かすかな物音だけが教室に響き、緊張感が張りつめていく。

ついに全員が戻ってきて、席についた。美術室での大騒ぎがウソのように、みんな静まり返っている。

そこで太田は、はじめて口を開いた。

「美術室にも、心があるんですよ」

静かな声が、染《し》みわたるように教室に響く。

「あなたたちには心がありますね。それと同じように、先生にも、美術室にも、心がある。それなのに、その態度は……！　ドヤドヤ、ガヤガヤ……。あなたたちは、美術室で待っている先生の心を踏みにじったんですよ」

さきほどの態度が、心をこめて美術室を整え、授業の準備をして待っていた教師の気持ちをどれだけ傷つけたのか。自分の行動が相手をどういう気持ちにさせたか自覚しているのか。それを、太田は子どもたちに投げかけたのだ。

「わかったら美術室へ行きなさい。ひと言もしゃべらないこと」

そして生徒たちは、黙って移動を始めた。彼らがふたたび美術室に顔を揃えたときには、まるで別のクラスの生徒がやってきたかのように、静かで落ち着いた雰囲気が流れていた。

ピンと背筋を伸ばした太田が、生徒たちの前に立つ。

「瞳《ひとみ》はこちら。手はおひざ」

うつむいていた少女が、はっと顔をあげる。机に頬杖《ほおづえ》をついていた少年は、あわてて手をひざの上に下ろす。

「背骨！」

「はい、体ごと」

子どもたちの背筋が自然と伸び、視線がスッと高くなり、顔が前を向く。

ここで初めて、生徒たちはただ教壇の方を向いているだけではなく、太田の話を聞くために前を向いたことになる。

「これからこの学校と美術室で三年間学習します。美術は心に栄養を与えるために学ぶのです。心で立ちむかう学習ですから、お互いにお互いの心を尊重し合わなければ学習が成立しません。おしゃべり、内緒話、変な声、ガサガサ音を立てる。それらは自分自身の心、先生の心、友だち一人一人の心、みんなの心の学習にとって邪魔になります。

美術の時間は週に一時間、多くてもたった二時間しかありません。本当に少ない時間なのです。邪魔なんかしているひまはないのです。わかりましたか！」

水を打ったように静かな教室で、生徒たちがしっかりと教師のほうを向き、集中して話を聞くという状態が、ようやく出来上がった。

太田は、「最初の時点で何をしていいのか、何をしたらいけないのか、厳しく教えておかなければいけない」と言う。生意気盛りで体も大きい二年生、三年生になってから、「これはいけない」と叱《しか》っても、手遅れなのだ。

「鉄は熱いうちに打て、っていうでしょ？　最初が肝心なのよ」

それが太田のモットーなのである。

## 生徒としての自覚を求める

いつも授業がはじまると、太田は生徒をほめまくる。

「まあ、もうスケッチブックを開いている人が三人、四人！　なんていい子なんでしょう！」

「まあ、もう道具を広げている人がいる！　なんていい子なんでしょう」

通常なら「早くしなさい」と教師が命令する場面だが、太田は生徒の顔を立てながら「今なにをすべきなのか、あなたたちはわかっているわね」と、さりげなく自覚を促すので、みんながあわてて絵の具やスケッチブックを用意する。

授業中ボソボソとおしゃべりをはじめる生徒がいると、間髪いれずに太田の静かな気迫を込めた声が飛ぶ。

「ひとり！」

「……ふたり」

決して名指しでは非難しない。

「ひとり！」と言われて、おしゃべりしていた本人だけが「自分を注意しているんだ」と気づく。そのひと言から、子どもは太田の授業にかける気迫と自分に恥をかかせないでくれた温かい気遣いを感じとり、おしゃべりをやめるのだ。

そのときに太田は、生徒が服従しなかったことに対してではなく、自覚が足りないことを教えさとす。

たとえば、「気をつけ、礼」という授業のはじまりと終わりの挨拶《あいさつ》は、教師にとって砦《とりで》ともいうべき部分で、生徒がいい加減な態度を見せたときに教師が「だめ、やり直し」と命じるのは、よくあることだ。

しかし太田はそんなとき「だめ」ではなく「イヤだ」という。

それで生徒は考える。なぜ太田は「イヤ」なのか？「ひとりでも瞳がこちらに向いていなかったら私の授業は終わらない。何が嫌なんだ？ ああ、瞳がこちらに向いていなかったから嫌なんだ。私のほうを見ていない子は思うわけ。なんで？ なんて誰も言わない。もうわかっているのよ。『俺だ』って」「イヤだ」というのは、これをしなさい、あれをしなさい、という命令ではない。「あなたたちの行動に対して、先生はこう感じているのよ、そのことを自覚してい る？」という気持ちを伝える言葉なのだ。

その根底には、子どもを「自分でものごとを判断できる人間」と見なし、接していこうという心がある。

ひとりの人間として、言ってはいけないこと、やってはいけないことは何なのかを、自分と過ごす時間の中で子どもに感じて欲しいと思っているのだ。

小学校で太田がクラス担任だったという男性は、六年生のある日に太田にかけられた言葉を、二十年以上たった今でも強く覚えている。

「休み時間に、いつも僕たちと先生は一緒に遊んでいました。先生がニッコリ笑ったときに、目尻《めじり》にしわができてるなと思って、僕は特に悪気もなく『先生、しわが増えたね』と言ったんです。すると先生は、いきなり僕のほっぺたを両手でぐっと押し包んで、じっと目を見た。そして静かに『人を傷つけることは言っちゃいけないよ』と言ったんです。

今思えば、僕は一人っ子で、兄弟でおやつを奪い合いすることもなくて、人の気持ちに少し鈍いところがあったんでしょうね。そのときは、『しわが増えた』って言われるとどうして傷つくんだろう? 本当のことなのに……と、理由が全然わからなかった。

でも、だんだん大人になるに従って、先生の言いたかったことがわかってきたんです。女性とつきあうようになって『ああ、自分はひどいことを言ったのかもしれない』とハッとしたり、人に何か言われて『これが傷つくってことなのかな』と思ったり。もし太田先生に出逢《であ》ってなかったら、まったく思いやりのない人間になっていたんじゃないかな。想像するとゾッとしますね」

チャイムが鳴る前にすべての準備を整え、きちんと先生の話を聞く。生徒として最低限のマナーが守れるようになるまで、太田は自覚ある態度を厳しく求め続ける。「これは話してもダメだ」と判断したら、即座に廊下に出るように命じ、時には教室まで戻らせる。

先生の話、人の話を「聞かせていただく」という態度。

考えている友だちの邪魔をしないため、静かにしている必要があること。教師と生徒がそれぞれの責任を自覚し、相手を思いやっているから、授業という学びの場が成立することを徹底的にわからせる。

太田の厳しい「しつけ」は、四月、五月と続く。そして六月ごろになると、チャイムが鳴る五分前に席についておしゃべりをやめ、授業がはじまるときには、生徒全員の視線が教師の方向を向いている状態が普通になってくる。

小学校からやってきたばかりの中学一年生には、ほっそりした小さな体にあどけない顔立ちをして、まだまだ子どもっぽさの抜けない生徒が多い。「子どもだから、騒いでも大目にみよう」などと考える教師もいる。

しかし、心をこめて準備された授業に対して、みんなが真剣に取り組もうとしていても、ふざけ半分、遊び半分の者がひとりでもいたら、すべてが台無しになってしまう。だから太田は「ふざけ半分」の態度を、絶対に許さない。そのような態度が見られるあいだは、授業をしないし、大事なことも話さない。

太田は、このポリシーを生徒に初めて会う日から卒業の日まで守り通す。

ふざけ半分をやめて責任を自覚させることから、すべてがスタートするのだ。

太田は、自覚を持たせることを非常に重視している。「あなたは忘れ物をして、それでいいと思う?」と子どもに問いかけたとき、「忘れ物をしても別にいいと思う」と開き直ってしまうのではなく「これからは忘れないようにします」という自覚のある言葉が返ってきてほしい。

そのために太田は、一年生が最初の授業に来たときから「自分はどう行動すべきか」について、毎週のように二十分、三十分と語りかけを積み重ねる。語りかけを聞いて内心面白くない生徒も最初はいるだろう。しかし五回、十回と繰り返し聞くうちに、太田の話が正論であることがわかってくる。やがて過半数の生徒たちが集中をはじめると、教室は「太田の空間」となっていき、ふだんは授業を妨害して騒いでいる生徒たちも、だんだんその雰囲気に呑《の》まれていく。

中学時代には教師に反抗してばかりいたけれど、太田にだけは反抗したことがないという教え子は、次のように語ってくれた。

「なんていうのかな……集団で迫ってくる感じなんです。みんな集中しちゃってるから、騒ぎにくいんですよ。あの頃は他の先生の授業だといつも騒いでましたけど、太田先生の授業では静かにしてましたね。もちろんたまには遊んでたけど、先生にバレないようにめちゃくちゃ気をつけて、こっそり静かにやってましたよ」

学習態度を向上させるためには、教師の命令に服従させることではなく、生徒自身の判断力と自覚を育てることが有効だ。これは、太田が二十年以上も試行錯誤を重ねたうえでの結論である。

# 第二章　効果のあるほめ方をする

## 早く来るだけでいい子

授業が終わり休み時間になると、次のチャイムが鳴るずっと前から、廊下から足音が聞こえてくる。すると太田は必ず仕事の手を休めて、それを待つ。

美術室の出入り口は二ヶ所にあるのだが、うしろのドアは締め切っていて、実際に出入りができるのは、黒板に近い前のドアのみだ。誰もがそこを通らないと出入りができない状態になっており、そのたった一ヶ所の出入り口に太田は立っている。

その日も、元気のいい男子生徒たちが廊下を急いでいた。

美術室の入口から、先を争ってダダダダッと数人がなだれ込んでくる。

「オレ一番！」

と叫ぶ子の次に、三十センチほどあとになってしまった子が、

「オレが一番！」

と叫び、百メートル走の一着二着を争うかのように小競《こぜ》り合《あ》いをしている。

一番で美術室に着くと、それだけで「偉い」からである。

「よく来たね！ 偉いねー。なんていい子なんでしょう！」

生徒がひとり来るたびに、太田は明るい声で生徒を迎え、満面に笑みをたたえてギュッと握手する。誰もが「自分は先生に迎えてもらった」と実感できるように、との配慮だ。だが女子生徒はともかく、思春期の男の子は「いい子」と言われることにも、女性教師と握手することにも戸惑い、照れくさそうにしている。しかし太田が臆《おく》することなく毎時間、男子生徒の手を握り、「偉いね」「いい子ね」と繰り返すうち、子どもたちもだんだん慣れ、「いい子だ」と言われるのが当然のようになっていく。

わざわざ出迎えてもらうと、人間は「自分は大切にされている」という気持ちになり、ちょっとした「VIP気分」になるものだ。さらに、早めに美術室に行くだけで「一番に来るなんて偉い！」という賞賛まで加わるとなれば、美術室に向かう足取りも軽くなる。

ある女子生徒はこう言った。

「先生って、一番に行くと『すごい！ プラス五百万！』とか、わけのわからない数字でほめてくれるんです。その五百万って数字は意味不明なんだけど、なんだか嬉《うれ》しくて、誰よりも早く行くために必死になっちゃう」

早く美術室に来るということは、ほんの小さなことだ。

しかし、太田はそれを生徒の「やる気」のあらわれだと考え、盛大にほめ、嬉しくてたまらないという顔をする。どんな些《さ》細《さい》なことであっても、良い行動をしようと「やる気」になったことが「いい」とほめちぎるのである。

子どもにとって、誰かに「いい子」だとほめられる機会は案外少ない。勉強や部活動でいい成績を残したとき、その結果を評価されることはあっても、個人の人格について「いい子」だとほめられるわけではない。しかし、太田は違う。

ゴミを一つでも拾えば「いい子」。

授業に急いで来れば「いい子」。

先生に頼まれて紙を配れば「いい子」。

自分から進んでスケッチブックを広げていたら「いい子」。

「いい結果を残したから、素晴らしい」のではなく、「いい結果につながる行動を起こした」だけで「いい子」だと考えているのだ。

## 小さな一歩を見逃さない

忘れ物をした生徒が、うつむき加減で太田のところにやってくる。絵の具や画用紙を忘れることは、その時間に作業がまったくできなくなるため、重大なミスだ。しかし太田は、忘れ物をした生徒に「どうして忘れたの？ 言っておいたよね？ この前も忘れなかった？」などとは、絶対に言わない。

「忘れたの？ あなたはそれについてどう思う？」と、質問する。忘れて嫌な気分がするでしょう、とも言わない。自分がやったことに対して、自分はどう思うのかを考えさせるのだ。そして、

「悪かったと思います」

「今度から忘れないようにします」

と子どもが答えると、すかさず大きくうなずく。

「よく言えたね。すばらしい。これからは忘れないようにしますって、よく言えましたね。最高よ」

「本当に悪い子だったら、悪かったなんて思わない。でも、あなたたちはいい子だから、悪いな、と思うのよ」

　このように太田は、思い切り子どもの顔を立てる。すると「あなたはそういうところがすばらしい」と認めるメッセージが、心に温かく残るのだ。

　忘れ物をしたというアクシデントを、子どもの「ものの見方」をアピールする場にしてしまう。太田は忘れ物をしたという「失敗」を取り上げるのではなく、忘れ物をしないようにしようと思う「心」を評価する。

「早く来るだけでもいい子なんだ、そう思うと道具を全部忘れちゃった子も一番に来るのよね。これで道具を持ってくれば、もっといい子だと思うの」

　道具を持ってこなくても、教室に一番に来ればそれでグッド。

　道具も持って、教室に一番に来たら、ベリーグッド。

　太田は「道具を持ってこなかった子はダメ」とは、決して考えない。

　授業のはじめから最後まで、ずっと「いい子」であり続けるのは難しい。しかし、ほんの一瞬だけ「いい子」でもほめてもらえるのなら、とりあえずやってみようと子どもは思う。そして太田は、その瞬間を目ざとくみつけて、大きくほめる。だからふだんは先生に叱《しか》られるようなことばかりしている生徒が、太田の前では「いい子」になる。これを繰り返していくと、「いい子」でいる時間がだんだん長くなっていくのだ。

「中学校の頃は、美術以外の授業ではみんなでグルになって先生をいじめたりしていた」と当時を振り返る太田の教え子は、いま二十歳になる。彼は中学三年生のある授業での思い出を話してくれた。

「その日、クラスのみんなは『読書感想画』というテーマで作品づくりをしていました。そのとき僕は完全にふざけていて、読んだ本とは全然関係ない絵を描いて遊んでいました。クレヨンで、赤やピンクや黄色とか、鮮やかな色の花を描いて、そのまわりにハチが飛んでいる絵を描いたのかな。たしか友だちが一緒に、自動車の絵を描いていたと思います。

授業が終わってから、太田先生に『ちょっと残って』って言われたから、ああ叱られるな、と思っていました。そうしたら、先生は『心』がなんとかかんとか……、『この花はあなたの心』って言ったのかな。とにかく、僕が描いた授業に全然関係ない絵をほめてくれたんですよ。びっくりしました。しかも、先生はその絵を額に入れて飾ってくれたんです。額に入れてもらうなんて、もちろん生まれてはじめてでした。

美術室に行くたびに自分の絵が目に入るから、『みんなも見ているのかな』と思うと、嬉しかったな。それからは、自分のことを認めてくれる先生がひとりでもいるという安心感ができました。

卒業してからも、困難にぶつかるようなことがあると、『自分は太田先生を感動させることができたんだ』って、心のどこかで思い出してましたね。僕にとって太田先生は、自分のことを考えてくれて、自信を持たせてくれた人なんです」

もし、太田の心の中に「一番だけがすばらしい」「完全なものだけがすばらしい」という考えがあったら、こんなに子どもをほめ続けて、みんなを「いい子」に変えてしまうことは不可能だ。

ほめ方の天才になるための第一歩は、とてもシンプルである。

それは、子どもが一〇〇%「いい子」になってから認めるのではなく、一%の段階から認める心を持つことだ。

ふだん太田の目をまっすぐ見られない子が、授業中ほとんど視線をはずしていたけれど、ほんの一瞬だけ目を合わせた。

めったに学校に出てこない子が、授業の終わり間際《まぎわ》に、ひょっこり美術室に顔を出した。

いつもは絶対に何も書かない子が、作品を仕上げた感想を、たった二行書いてきた。このように「それがどうした」で済まされてしまうようなケースでも、太田はそれをきっちりと認める。

その小さな一歩を認められてこそ、子どもは先に進むことができるのだ。

## クラス全員をほめる

太田の授業で子どもたちは熱心に作品づくりをするが、その意欲を引きだしているのが、美術室に来た瞬間からたっぷりと注がれるほめ言葉だ。太田は「いい子ね」と連発するだけでなく、さらに奥の手を使って子どもをほめている。

忘れ物ばかりして先生の話はあまり聞かず、授業中も熱心に作業しないような子も、ほめる。どこのクラスにもこういう生徒は必ずいるものだが、太田はその子がいいことをするのを待つのではなく、ほめるネタを自分で作ってしまうのだ。

「何かを配ってもらったり、絵を貼《は》るのを手伝ってもらったり、ちょっとしたことを頼むの。そうしたら『ありがとう、なんていい子なのかしら』って言えるでしょ？」

美術室で授業が始まる前、授業中、そして授業が終わってからの休み時間に、太田はいろいろな子どもにちょっとした頼み事をする。水道から絵の具の水を汲《く》んでくるとか、何かを持ってくるとか、本当に些細なことが多い。

太田が「あれを持ってきてくださるかしら?」と敬語をまじえた言葉遣いで頼むと、面倒くさそうな顔をしている子も、断りきれずに手伝う。

すると太田は「ありがとう! 本当にいい子ね」と心から感謝を表す。子どもはほめ言葉が本心であるかどうかに非常に敏感だが、いま実際にいいことをして「いい子」と言われている以上、その賛辞は本心だと感じることができる。そう思えば、決して悪い気はしない。

もちろん、この「頼み事」という奥の手が通用しないような手強《てごわ》い生徒も、クラスに一人か二人はいるものだ。それでも太田は、めげずに知恵を絞る。

「ねえ、さっきのあの子、なんていう名前だったかしら?」

などと、聞くのだ。

「あいつ? ○○だろ」

と、生徒がぶっきらぼうに答えると、「ありがとう!」と、太田は満面の笑顔で感謝する。子どもにスキがあれば、感謝の気持ちを伝える握手もしてしまう。

授業中たいへんな威厳を漂わせている太田にここまで丁寧に接してもらったら、たいていの子どもはちょっといい気分になるものだ。

太田は、クラス全員に対してほめ言葉をかける。

ほめる理由は、些細なことで構わないのだ。「教室に一番に来た」「誰よりも早くスケッチブックを開いた」「資料の写し方が丁寧」「字がとてもきれい」など。

全員に「ホメ」がゆきわたっていくと、誰もが「自分は先生にほめられた」という自信を持つようになり、「なんだよ、先生はあの子ばかりほめやがって！」と、いじけることがなくなる。そして、「いい子」にしてもまわりの友だちに「嫌なヤツ」と思われる心配がなくなるから、誰もが安心して「いい子」になれる。さらに自分が認められているという安心感があると、友だち同士で素直に「すごい」と認め合うようになる。

先生だけでなく友だちに認められることで、子どもは落ち着いた気持ちになり、自信がついて、やる気が出てくる。

クラス全員に「ホメ」をゆきわたらせ、「いい子」を加速度的に増やしていくこと。これが、最後の決め手だ。

小さな一歩を見逃さない観察力と、それを認める心を持つ。

相手の中に眠っているほめる材料を、自分で引き出す。

一人だけでなく、全員をほめる。

この三つが揃《そろ》うと、絶大な効果がある。太田は、この三つの要素をひとつも欠かさないように心がけている。

# 第三章　見て、感じて、考えさせる

## ずっと忘れていた、ほんとうの草のかたち

ふざけ半分の態度を誰一人とらなくなって集中した状態になると、授業が始まる。

まず、太田はスケッチブックを開かせて「草を描いてごらんなさい」という。

みんな「ちょろいよ、こんなの」と思いながら、画用紙にサッサッと線をひく。

「じゃ、月を描いて」

生徒たちは迷わずマルを描く。

「太陽は？」

マルの外に光を表す線をひく。

「星は？」

星印が描かれる。何人かの生徒の顔には、どうしてこんな簡単なものを描かせるんだろう、という疑問が浮かんでくる。

「みんなできた？　じゃ、スケッチブックを上に上げてみて」

友だちのスケッチブックを見わたすと、なんと全員が同じような草、月、太陽、星を描いているではないか。

「なんだお前の、オレと同じじゃん」

「アハハッ」

笑っている子どもたちに、太田は問いかける。

「ほんと？　草はそんな形をしているかしら？　月や太陽や星もそうかしら？」

次の一瞬、子どもたちの顔から笑いが消える。

「クツをはいて！　外に出て、草がほんとうにそんな形をしているか見てごらん！

誰が一番かな？」

生徒たちは、走って外に出る。

実際に草を観察すると、自分がこれまで描いてきた草と、今自分の目で見ている草の形状があまりに違うことに、みんな愕然《がくぜん》とする。


中学校一年生の授業を始めるとき、太田が一番最初に生徒に促すのは、先入観がいかに間違ったものであるかを自覚させることである。

はじめてクレヨンを握って絵を描き始めた幼児にとっては、草や太陽、星や月などが記号で描けることが重要な課題となる時期がある。記号が描けることは大切だが、八歳、十歳と成長しても、そして中学生になっても、ものの形を描くと記号になってしまうのは問題だ。だから、草がほんとうはどんな形をしているのか、記号の中に封印されてしまっていた視覚を取り戻す必要があるのだ。

玄関から校舎の外に出て、子どもたちは草に近づいて、実物を改めて見る。

(草ってこんな形をしていたんだ……!)

誰もが、ずっと忘れていたことを思い出したような感覚にとらわれる。

「細かいところまでよく観察してね」

「種類が違うと思う草を、十種類みつけてごらん」

そういわれて見てみると、雑草には葉っぱだけではなく茎もある。太くてどっしり
とした草、細くてすらっとした草。ギザギザの葉、スッと伸びた葉、なめらかな葉。

同じ種類の雑草でも、すべて違った形をしている。

こうした細かい部分すべてを観察しながら、スケッチしていく。

「草の中に埋もれて、においをかいだり、さわってみたりして描いてごらん」

「草の気持ちになってみて」

と太田がアドバイスする。

ただ描くだけではなく、五感を使って、草そのものの存在を全身で感じ取るのだ。

「草とお話ししてごらん！　お話ししたことを描いてみてね！」

そう言われて、子どもたちはスケッチの隣に「草と話したこと」を書いていく。

（可愛《かわい》らしいたんぽぽの花。でも、ふてぶてしいほどにたくましい）

（踏まれても立ちあがる草。草も生きているんだ）

（草は寒いのに、何も着ない。すごい）

思いこみではなく、考えながら、しっかり見つめる。

実際には聞こえないはずの草の声に耳を傾けるというのは、自分の内面の声、自分の心の声を聴くことだ。

草をスケッチしている子どもたちに、太田は語りかける。

「どの草も、一本一本違っているよね」

同じ草は一本たりともなく、どの草も懸命に生きている様子を、誰もが見て、触れて、確かめたばかりだ。

「草が一本一本すべて違うように、人間もひとりひとり違っている。みんなだってそうだよね。違うことって、なんてすばらしいんだろうね」

シンプルな言葉が、目の前にある草の姿とオーバーラップして、心に響いてくる。

(草なんて全部が同じだと思っていたのに、よく見るとこの草はとってもきれいだ。この草が人間だったらとても優しい人間になるんじゃないだろうか)

人間も雑草のように、十人十色なのだ。だから、みんなと一緒でなくていい。それぞれみんなすばらしい——心からそう思ったとき、ホッとして自信が芽生えてくる。

さらに生徒たちは、人間はなんでもできるのではなく、自然の一部に過ぎないことを知る。

(自然にも命があるんだ)

(同じ種類だったとしても、一本たりとも同じ草なんてないんだ)

(たった一本の草にも、自分が及びもつかないものすごい生命力があるんだ)

一本の草を見つめ、描く活動をすることで、子どもたちは自然の偉大さ、そして人間がちっぽけな存在であることまでを実感していく。

中学校教師として初めて教壇に立ったときから、太田はこの「草」の授業をずっとおこなっている。

ある卒業生は、「最初の授業で草を描いて、先生に『ほんとうにこういう形をしている?』っていわれたときに、すごくびっくりしたのを今でもはっきり覚えています。あれ以来、ものの見方が変わったような気がしますね」と当時を振り返る。

太田は、力強く語る。

「私は、自分の心は自分のかたちで表現しなきゃいけないと思っていた。でも、どの子も同じ草、太陽、星、月、魚を描くの。それはずっと、こう描きなさい、ああ描きなさいって、がんじがらめにされてきたからなのよ。だから、まずそこから自由にしてあげなきゃいけないの」

雑草を描くことが目的なのではない。大切なのは、自分がほんとうにそう感じたのか、そう思ったのかを自問し、心の眼でものを見ることだ。

「あなたたちの心はこんなに不自由だった、感じることもできない、考えることもできない、それを当たり前だと思っていた、ということに気づかせていくのよ」

## りんごは赤じゃない

雑草を描いて「目からうろこ」体験をした一年生たちは、次に野菜や果物のレプリカを作る。発泡スチロールを削り、そこに粘土を貼《は》って、本物そっくりな作品を目指すのだ。

最初の時間に、生徒たちは自分がモデルにする野菜を家から持ってきた。

ほうれんそう、にんじん、じゃがいも、たまねぎ、ナス、ブロッコリー、りんご……全員が色とりどりの野菜や果物を机の上に並べたところで、太田はこう質問する。

「りんごは何色？」

「赤！」

得意になって、子どもたちは元気いっぱいに返事をする。

「レモンは？」

「レモン色！」

「きゅうりは？」

「みどり！」

そして、太田は子どもたちの目をじっと見て、ひとこと質問する。「ほんと？」

子どもたちは一瞬ハッとする。

体に染《し》みついた「りんごは赤」という先入観。この前に草のスケッチをして、目からうろこが落ちる体験をしたばかりなのだが、生徒たちはまだ固定観念から完全に自由になっていない。

りんごの色が赤ではなく、黄色やみどりをはじめとして多彩な色が混ざりあっていることは、「りんごは赤」という先入観をとりはらって、はじめて見えてくるものだ。

野菜のレプリカを作るために、まず立方体の発泡スチロールが手渡される。それをカッターを使って削っていき、大まかに野菜に近い形を作る。今度はそれに柔らかくて白い粘土を貼りつけて、きゅうりの表面にあるブツブツや、にんじんの表面のスジなど、微妙なふくらみや質感、細かい部分を再現していく。本体の形ができたら、アクリル絵の具で色をつけ、最後にニスを塗って、つやを出したらようやく完成だ。

この学習は、いかにリアルな野菜を作るかを目標にしているのではない。大自然の造形のすごさを心の眼で観察してもらう、学んでもらうことが狙《ねら》いだ。

カッターで発泡スチロールを削りながら、粘土を貼りながら、子どもは何時間にもわたってひとつのりんごを、ナスを、たまねぎを見つめ続ける。

ブロッコリーの房の先には、細かい粒がついている。小指の先ほどの面積に三十個以上の粒があるから、ブロッコリーひとつだと、粒の数は何万にもなる。

少女は粘土をゴマのように丸めて小さな粒を作り、ブロッコリーの本体にひと粒ひと粒ボンドで貼っていた。気が遠くなりそうな数のつぶつぶを、ひたすら無心になって貼り続ける。ときおり彼女の頭には、こんなことが浮かんだ。

（なんて粒が多いんだろう。すごい）

（粒なんてひとつでもいいじゃん。それなのに）

（こんなに多くの粒を、ブロッコリーはどうやってつくっているんだろう）

（不思議だなあ）

作業をはじめて半日たったころに、ツルンとしていた「茎」に何万もの粒をびっしり貼り終えた。無数の粘土の粒を貼ったことで、ただの真っ白な発泡スチロールだったものが、ブロッコリーらしく見えてきた。

野菜や果物のレプリカをつくる作業では、まずは「かたち」、次に「色」を観察する。

ある生徒は、たまねぎについて「形は丸くて、色はうすい黄土色」だと思っていたが、制作をしながら「どんな形なんだろう」「どんな色なんだろう」と何度も何度もよく見ているうちに「ただ丸いだけじゃない、細かいすじが入っている」「とても不思議な色」に見えてきた、という。

「固定観念をとりはらって自由にさせてあげる努力をしないで、『はい、描いてきなさい』といっても、何年たっても進歩はしない。美術は遊ぶ時間、息抜きの時間と思われてしまうの」

と、太田は強調する。

美術では絵や立体で、自分のイメージ、考えを表現していく。

「イメージの世界では、自分の悲しみや喜びを表現する色彩は何？　ということが重要になってくる。そのためには大自然の色彩を知ることが必要になってくるわけ。それを知らないと、自分のイメージの世界がものすごく甘いものになってしまうのよ。

本当に自分の心を色や形に託すのであれば、りんごは『赤』なんて単純な色では、とても表現できない。りんごで自分の心を表現するとしても、絵の具から出した赤のままでは、その子の気持ちは表現できないはずよ。

どんなにそっくりに作ろうと思っても、本物以上には作れない。自然って、なんてすごいんだろう、俺たちがコントロールなんてできないんだ——そういう考えに気がついていくの。そのためにもよーく観察させなきゃいけないのよ」

太田は、生徒たちにこんな言葉を投げかける。

「みんなは雑草を描きながら、草とお話をしたよね！　それと同じように、野菜とお話ししてみてね！　野菜の気持ちになってみて。ナスだったらナスさんと。ブロッコリーだったらブロッコリーさんは、いま、どんな気持ちなのかな……」

そして野菜とどんなお話をしたのか、スケッチブックに文章で書いていく。ある生徒は、こう書いている。

「ピーマンをこんなにじっくり見たのは初めてで、なにげなく食べているピーマンだけど、このことでひとつのことにびんかんにカンがはたらくようになったと思います。ちょっとのことで感動したり、何かを思ったり、考えたり。ピーマンが私に教えてくれました!?　この授業を通してすなおになったっていうか、物の内側まで見通せる目ができたっていうか、ピーマンてこんなだったんだとおしえてもらった授業でした」

「野菜とお話しする」。それは「草とお話しする」のと同様に、徹底的にものを観察しながら、自分と対話することだ。

そのためにはまわりに邪魔されない静けさが必要だ。四月には授業中に教室でギャーギャー騒いでいた子どもたちも、太田の投げかけ、語りかけを聞くうちに、こうして自分の世界に入って何かをじっと見つめることができるようになる。

自分の集中力がとぎれたとしても、まわりの友だちは真剣な表情で集中している。そんなとき、自分が何かに集中した体験があれば、自然と「人の邪魔をしないように」と思うようになるのである。

静けさの中で、じっくり自分と対話することが、考えることへの第一歩になる。

一年生の生徒たちが作った「野菜や果物」は、のちに市の展覧会に出品された。

「お母さん、見て！　このブロッコリー！」

「ほんと……。すごい、じょうずねえ」

一坪ほどの丸いテーブルの上に、トマト、りんご、ブロッコリー、たまねぎ、じゃがいも、アボカド、きゅうり、ナス、とうもろこし、ほうれんそう……まるで八百屋の店先のように、大量の「野菜や果物」が並ぶ。

よちよち歩きの幼児が、そこに並んでいたりんごを持って、大きな口をあけてかじろうとした。

「ダメだよ、食べちゃ」

と、あわてて父親がりんごを取りあげる。幼児はキャッキャッとよろこび、別の野菜に手をのばした。

とうもろこし。アスパラガス。トマト。そしてアボカドを手に取ると、幼児は「うわ〜」と小さく叫び、目を輝かせた。柔らかくて小さな手で、皮のざらざらした感触を楽しむように握り、切り口からのぞいた固くてつるつるした種や、平らですべすべした果肉をなでる。

すべて、太田の指導を受けた一年生が発泡スチロールと紙粘土で作った作品だった。このように、できあがった「野菜」を見た人の多くは「本物そっくり！　うまい！」と目を丸くする。

確かに、信じられないほど本物そっくりの仕上がりだ。見た瞬間は、とにかくそのリアルさに圧倒され、細かい部分を観察せずにはいられない。完成までに、どれほど緻《ち》密《みつ》な作業がなされたのか想像すると、気が遠くなってくる。

しかし生徒たちは、「うまく作ろう」と思いながら作業していたわけではない。「ほんとうの形、ほんとうの色」を見ようとした結果、みごとな作品になっただけだ。

もちろん、誰もが本物そっくりに作れるわけではない。中には、稚拙な仕上がりの「野菜」だってある。

しかし、作業をしながら野菜と対話をして、りんごは赤じゃない、きゅうりはみどりじゃないということ、大自然のつくった形や色はほんとうにすばらしくて、人間にはとうていまねできないことを心から実感できたなら、充分なのだ。

　こうした活動を通して、子どもたちは「心の眼」でものを見はじめる。心で感じ、考え、決断しながら、感性が育っていく。

　本物そっくりの見事な「たまねぎ」を作り終えて、ある生徒はこんな感想を漏らした。

「よく見るとやっぱり本物とは少し色がちがいます。でも、それでいいと思いました。どうやったって、本物の色は出せるはずがないんです」

## 色は自分で作るもの

　太田が指導した子どもの絵を見た人が、「なんでこんなにうまいの」「中学生の絵じゃなくて、高校生の絵じゃないの」と感想を漏らすことがよくある。

　たとえば三年生が描いた、「造園士になりたい」という絵には、小川に紅葉が散る様子が描かれている。実際に絵の前に立つと、使われている色の多さに目を奪われてしまう。川底の茶色が見えているのに、水が流れている。白、水色、茶色が複雑に混じった色づかいはひと言で「何色」とは、とても言い表せない。紅葉の色も、黄色が混じっていて、決して赤ではない。いくつもの色が織りなす大胆かつ繊細なハーモニーは、見る人の目に鮮烈に焼きついてくる。ある美術教育関係者は、太田の指導の特徴として、使っている絵の具の色や画材の豊富さを挙げる。

「中学生の絵が出品されている展覧会に行くと、他の学校と太田先生の学校の子どもの絵が並んでいるわけです。そうすると、太田先生のところは、使っている色の数が全然違う。絵の具のチューブから出したままの色はほとんどなくて、何色も混ぜて作った『絶対にこれだ』という色を使っている。だから、見た瞬間から印象が全然違うんです」

子どもの使う色の数が圧倒的に多くなる――それは、色の先入観をなくした成果なのだ。

太田は、本物をじっくり観察させて、色や形の固定観念から解き放つ指導をしながら制作をさせる。

すると、ものの形を正確に描くデッサン力がついて、絵がうまくなる。

「描く力」の土台には、「見る力」があるからだ。

「ある域までデッサンが描けるというのは、思いこみで物を見ない視覚を手に入れられることなんです」

と語るのは、太田の教え子で、現在は工作作家のかたわらお絵かき教室で幼児から小学生に絵を教えている熊谷由加だ。彼女は小学校五・六年の担任が太田で、武蔵野美術大学油絵学科を卒業している。

由加は美大受験のときに、入試に欠かせないデッサンの訓練を受けた。石膏《せっこう》でできたギリシャ人の胸像を、いろいろな角度から正確に描くのである。それこそ千本ノックではないが、訓練では毎日のように胸像を描き、その枚数は一年で数百枚にも及んだ。そのとき由加は、いつもデッサンの先生に、

「まだ観念で描いている」

「どこを見ているんだ」

と叱《しか》られた。観念って何だろう、何が悪いんだろうと、泣きながら描き続け、半年もたった頃、ようやく先生にあまり叱られなくなった。デッサンの訓練を受けていくにつれて、由加は「いままで私は目の前にあるものをありのままに見ようとしないで、思いこみだけで描こうとしていたんだ」と気づいた。

「テクニックだけにこだわっても絶対にデッサンで形はとれません。鼻の上に目があ

ると思って描いた石膏図は、絶対に変な絵になるんです」と由加は断言する。「顔だ」と思うから、観察すべき対象を見ないで描いてしまうのだ。鼻の上に目がある、鼻には穴があるというように、自分の固定されたイメージだけで線をつないでいくと、どんなに見ても実物に似ないデッサンになるのだという。では、どうやって見ればいいのか。

「純粋に凹凸だけを追うんです。その視点に自分が立てるまでは、この口のどこが悪いんだ、目のどこが悪いんだと思う。デッサン力のある人ほど、ちゃんと見ないと描けないし、デッサン力がない人は、ぜんぜん見ないで描けるんです。

私の持論だけど、『正確に見る』ことは、ものすごく難しい。花の形でも顔の形でも、みんな絶対に固定観念を持っているので、それを意識的に忘れて、一から追っていくのは、記憶があるから無理なんですよ。どれがはさみで危ない物か、どれが食べ物でおいしい物かを学習して大きくなっているから、その観念を無視して見たままに描くことは、すごく辛《つら》い作業なんです。太田先生がしていることは、固定観念をはじめに壊して、ものの本質に迫らせるということだと思います」

## ものの本質を見抜く感覚

草を描き、野菜や果物のレプリカを作りながら大自然の造形を学ぶことは、固定観念を取り去る訓練にもなる。

赤だと思っていたりんごが赤ではないことが見えてくると、思いこみでものを見ない視覚が身についてくる。すると、ものの見え方が違ってきて、うまいかヘタか、点数が高いか低いかといった一面的な尺度だけでものを見なくなってくる。

りんごは赤ではないという見方は、やがて、ものの本質を見抜く感覚に育っていく。人やものがそれぞれ「違う」ことを感じ取れるようになると、それらを表面の色や形、数などで単純にカテゴライズすることに対して、違和感を覚えるようになるのだ。

ものの本質を見抜く感覚は、子どもの自尊心を正しく育てるために必要不可欠だ。

いまの日本ではテストの点数が高い子の評価が高く、そうでない子の評価は低い。しかし、テストの点数などでは計れない価値をどの子も持っている。その点数化されない部分を本当に見るために、この感覚が必要なのだ。お題目として「違うからこそ素晴らしい」と言うのではなく、子どもたちが実際に違いを見分けることができるようになって、はじめて効果が出てくる。

熊谷由加は幼児から小学生に絵を教えながら「子どもは大きくなるにつれて、どんどん絵が描けなくなる」ことに気づいた。小学校三年生を過ぎても描ける子は、よっぽど好きだったり、他に得意なことがなかったりと、一部の存在になってしまう。「ある時期になると、子どもは『自分がヘタだ』ってわかるんですよ。だんだん利口になってくるしプライドも出てくるから、自分が傷つくようなことをしたくないのは当たり前なんです。うまくなるためにものすごい苦労をするのは面倒くさいというのが本音。何かを見て描くことなら少しはできても、何もないところからは描けなくて当たり前なんです」

子どもが「絵を描こう」と思えないのは「自分がヘタ」だと思っているからだ。「上手《うま》いかヘタか」という見方をすると、ほとんどの子どもが劣等感を抱いてしまう。

しかし徹底的に見る力をつけていくと、固定観念を取り去ってものごとを見られるようになり、「上手いかヘタか」以外の見方ができるようになる。その結果として、「自分の絵はヘタだ」という劣等感から卒業することができる。

「絵をどうこうさせるんじゃなくて、自尊心を持たせるんですよ。太田先生がやっているように、徹底的に見る力を育てて子どもの自尊心に訴えていけば、子どもは大きくなっても絵を描くんです」と、由加は語った。

上手い、ヘタや点数の高低といったランク付けをするのではなく、絵の奥にある深い部分を見抜く感覚が獲得されると、自然と作業が丁寧で緻密になる。すると作品のクオリティが高まり、「自分らしさ」に対する自尊心が芽生えてくる。

ものの本質を自分の目で見て、感じて、考える力は、自尊心を育て、正しいプライドを獲得するために欠かせない羅針盤ともなるのだ。

# 第四章　自由を与え、力を引き出す

## 調べることから始める

雑草を描き、野菜や果物のレプリカ作りまで到達すると、いよいよ太田の授業も本題に突入だ。作品づくりは、まず徹底的な「調査研究」から始まる。

太田は、自分が描こうとするテーマに関して徹底的に資料を集めさせて、それをスケッチブックに文章で書かせる。もちろん、イラストや地図、表などを添えてもいい。子どものほうも、念入りにテーマについて調べるうちに知識が増えてきて、どんどんイメージが湧《わ》いていく。

期間で言うと、調査研究に二ヶ月、作品づくりに一ヶ月といったバランスで、作品づくりの倍以上の時間と労力が「調べる」ことに注がれる。それは、画家が一枚の絵を描くために何十枚もアイデアスケッチをする様子にも似ている。

なぜ美術の作品づくりのために、これほどの手間をかけて「調査研究」をさせるのだろうか。

その最大の目的は、言われたことに服従するのではなく、自分で自由に考えながら、自己決断させることにある。

太田は生徒たちに、こんな話を繰り返す。

「何を調べなさい、どこまで調べなさい、先生はそういうことをいっさい言いません。それはあなたたちが自己決断することなの。自分が必要だと思ったところで決断するのよ。これだけやらないとダメっていうこともない。たとえ一行、二行でも、自分が納得すればいいの。それは私がいいとか悪いとか言うことじゃないのよ」

自分から「調査研究」に取り組むのは、ほとんどの子どもにとって初めてのことで、簡単にはできない。しかし、だからこそ太田はそれまでの授業で準備を重ねてきたのだ。

雑草を描きながら、レプリカをつくりながら、生徒たちは大人に教えこまれてきた「常識」を捨て去り、自由にものごとを考え、何にもとらわれずものを見る経験をしてきた。

彼らはすでに走りはじめている。だから戸惑うことはあっても、比較的スムーズに「自分で調べる」活動にジャンプできるのだ。

## 環境問題も自分の問題

太田は、はじめての作品づくりに「環境問題」というテーマを選んでいる。人間が地球を汚しているという事実を知らせ、そして自分も加害者のひとりなのだという自覚を持たせると、子どもが環境問題を「自分自身の問題」として考えることができるからだ。すると「やらされている」という意識が起こらない。

環境問題について、太田は最初にこんな問いかけをする。

「人間はどうして戦争をするの？」

「人間はどうして自然を破壊するの？」

野生動物がつぎつぎと絶滅し、地球は温暖化が進んでいる。日照りによる水不足で食糧危機が起こり、子どもが餓死していく。こうした環境問題についての資料として、みんなでＮＨＫの「地球大紀行」のビデオを見る。

地球の四十六億年の歴史のなかで、人類が生まれ、文明が栄えた。それが滅び、荒れ野となったイスラエルの遺跡やギリシャの神殿が映し出される。

人間は木を伐《き》り倒すことでエネルギーを得て、文明を発展させてきた。森が伐りつくされると、大地は水を蓄える力をなくし、雨が降るたびに表面の土が流れてしまう。森だった場所は砂漠になっていく。そうして文明は滅びてきた。

エネルギーは木材から化石燃料へと移行して現代に至っているが、大気中の二酸化炭素の濃度の上昇はいちじるしく、地球そのものが既に限界に近づきつつある——。

一時間のあいだ、子どもたちは番組の内容をスケッチブックにメモしていた。ただ漫然と見ないように、太田から「必ずメモをとってください。見終わったら感想を書いてもらいます」と指示を受けていたからだ。

スケッチブックを見ると、実に多くの生徒が「知らなかった」という言葉を書いている。

「サハラ砂漠は昔から砂漠だと思っていた」

「人間のせいで木がなくなって砂漠ができたなんて」

「地球は四十六億年も前にできていたのに、人間はついこのあいだ誕生したばかりだなんて知らなかった……」

「木がなくなったら二酸化炭素がどんどん増えて、私たちは呼吸ができなくなってしまう。木を大切にしなければ」

「環境破壊」という言葉は知っていたけれど、その実態を想像して、将来がどうなるのか、はじめてじっくりと考えたことがうかがえる。

人間のせいで破壊される地球。草を描き野菜を作り、心の眼で大自然の偉大さを感じとる学習をしてきたから、自分も自然の破壊に加担してしまっているという事実に責任感を感じ、目をそむけずに向き合うことができる。

そこで太田はこうたたみかけるのだ。

「人間はこれまでどんなに環境を破壊してきたのか。森林破壊や熱帯雨林の消滅など、いろいろありますね。ほかにどんな環境問題がありますか。まず、スケッチブックに自分が思いつくものを書き出して下さい」

そこで各自が、思いつく限りの「環境問題」のテーマを書き出してみる。

ゴミ問題、大気汚染、水質汚染、海洋汚染、人口爆発、公害、森林伐採、オゾン層破壊、騒音、動物絶滅の危機、伝染病、ダイオキシン、差別、エイズ、砂漠化、酸性雨、核実験、温暖化、山の汚れ、水銀の問題、栄養失調による死亡、重油流出、エルニーニョ、ラニーニャ、紫外線・赤外線、悪臭、電磁波、子どもの免疫力《めんえきりょく》低下、高齢化社会、麻薬、放射能、食糧危機、大地震、原子力発電……。

実は、この「テーマを書く」時点で、すでに生徒の「やらされている」という意識は稀薄《きはく》になっている。ビデオを見せたりヒントを与えたのは太田だが、スケッチブックに書いたテーマは、あくまで自分が思いついたものだからだ。

そして、これらのテーマをお互いに発表し合いながら、自分の考えていないテーマを友だちが発表したら、それもスケッチブックに書き加えていく。

ここで太田は、この日の一番大きな「選択」をさせる。

「これらの問題の中で、自分が一番『問題だ』と思う課題をふたつ選んで下さい」

ここで、全員が「自分で選んで自分で決める」という体験をする。ふたつのテーマを選ばせるのは、いろいろな角度から調査させるためだ。そうすれば、すべての環境問題が相互につながっていることが理解できる。

「難しいなあ」「問題が多すぎて困っちゃう」

そんな声に、太田は「じゃ、五分で決めてね!」と明るく答える。

子どもたちは決めることに慣れていないので、テーマを探す時間を「五分!」と限定すると、あまりの短さに不満の声があがる。しかし太田は絶対に五分以上の時間は与えない。授業時間がきわめて限られていることもあるが、それ以上に、子どもを集中させ、必死にさせる効果を狙《ねら》っているのだ。

五分という時間は、あっという間に過ぎて「あと三秒！　三、二、一」と太田がカウントダウンする。ストップウォッチを持っているわけではなく、実にアバウトなもの。男の子たちは「時計も持ってないくせに」と、くすくす笑っている。

こうしてとりあえず、全員が五分以内に自分のテーマを決める。

実際には何を選んでも、充分に勉強になることにかわりはない。大切なのは、子どもが自分で選んだことに対する責任を感じることなのだ。だから太田は「環境問題」という大きな枠組みは提示するが、具体的なテーマは必ず自分で選ばせている。

「スケッチブックに調べたことを書いてください」

太田がこう言ったとき、何をするのか、誰もピンときていない。

(はぁ?……何を書いていいかわかんない)

(これが、お兄ちゃんが「大変だぞ」っていってたやつか)

(スケッチブックって絵をかくものじゃないの?　なんで字をかくの?)

戸惑いを隠せない生徒たちに、太田は調査研究のイメージをふくらませていく。

「先輩たちがこんなふうにやっているんだから、あなたたちにも絶対できるはずよ」

と語りながら、これまでの生徒が調査研究をおこなったスケッチブックを見せる。

スケッチブックを見た瞬間に、誰もが驚き、圧倒され、戸惑う。白い画用紙が鉛筆で手書きされた文字で埋め尽くされている。資料を写した文章や自分の感想、地図やイラスト、グラフなどをまとめたページもある。五ページ、十ページ、二十ページ、一冊、二冊……。調べる楽しさに目覚めた生徒のスケッチブックは、いったい何ヶ月費やされて書かれたのか、想像を絶するものがある。

（すごい……）

（ほんとうに、あんなふうにできるんだろうか？）

「あなたたちなら、絶対できる！」

生徒たちの不安をかき消すように、力強く太田が励ます。

「『これを調べたら間違いだ』とか『ダメ』っていうのはないの。自分がそのテーマに必要だと思うことなら、どんなことでも調べていいのよ。たとえば砂漠をテーマに選んだ人も、砂漠のことだけじゃなくて酸性雨、森林伐採、大気汚染、熱帯雨林のことや、エネルギーの問題、生ゴミの問題など、いろいろな角度から調べることが大切なのよ。そうしたことも全部つながっているの」

調査研究にバツはなく、なにをやってもマルなのだ。ページ数のノルマもない。自分が必要だと思った量を、納得できるまで調べればいい。

話を聞くのなら、上の空でもやり過ごせる。問題を解くのなら、出来ようが出来まいが目の前にあるものをこなせばいい。しかし何かを調べるというのは、自分の意志を持たなければできないことだ。やる気が生まれなかったら、一文字たりともスケッチブックは埋まっていかない。わからないことを知るために本を探すなど、ほとんどの生徒にとってはじめての体験だ。慣れないから、辛《つら》く感じることも、面倒だという気持ちもある。

しかし、はじめてしまえば、調べることが面白くなってくる。教師としては「食わず嫌い」にいかにして食べさせるのかと同じで、最初は「しぶしぶ」でもいいから、なんとか調べることに取り組ませたいところだ。

そのために太田は「なぜ、調査をするのか」という語りかけを重視する。そのための時間は、何があっても減らさない。学習の意義と目的は、調べるための時間よりも優先して徹底的に話す。子どもは「アホらしい」と思ったことにはなかなか取り組まないが、納得したことに対しては、家に帰ってもやり続けるからだ。

## 事前のイメージ作りが勝負

子どもたちに自分から何かを調べようという気を起こさせるために、太田はさまざまな努力をしている。美術室にいるだけで知らず知らずのうちにいろいろなことを吸収できるように、せっせと子どもの新しい作品を額に入れて飾っているのもそのひとつだ。太田の授業を何度か見た社会科教師の神本直子は、次のように分析する。

『子どもたちに質問してみると、みんな『気がついたら太田先生の美術にハマってい た』と言うんです。自分たちも、なんで『調査研究』なんてことができるようになったのか、はっきり認識していないんですよね。

　廊下にも美術室にも、びっしりと絵が飾ってありますが、あれは単にできあがった作品を掲示しているだけじゃないはずです。子どもたちって、先輩の作品をみて、それを超えていく力があるんですよ。先輩たちの作品をいつも眺めて、先生がそれについて話をする。そうすると子どもたちはそれを巧みに取り入れて、いいものは吸収するんです。真似《まね》っていうわけじゃなくてね。作品だけじゃなくて、先輩が調査したスケッチブックのコピーも廊下に貼《は》ってあるから、あれを見て『こういうテーマでアプローチしてもいいんだ』とか『これを調べるには、こういう本を使えばいいんだ』など、どんどんアイデアが広がるのでしょうね。

壁や廊下を埋め尽くすほどの絵を掲示するのは本当に大変だと思うけど、いつのまにか生徒が調査や研究ができるようになっているのは、こうした環境づくりが下地になっているのでしょう」

いずれ必要になる知識は、普段から目に入るようにしたり語りかけるなどして、事前にイメージ作りをしっかりとおこなっておく。つまり、知らず知らずのうちに生徒はいくつもの選択肢を太田によって提示されているのだ。その上で「あなたはどうしたい？」と決断させると、それまでになんとなく見たり聞いたりしていたことが頭に入ったうえで「自分の選択」をすることが可能だ。生徒が自己決断しているには違いないのだが、実は太田が学習させたい方向に自然な力が働いている。しかし本人は、教師に服従したのではなく、「決断したのは自分だ」という自尊心を強めることができるという仕掛けなのだ。

毎週の授業で、太田は誠心誠意、「なぜ、学習をするのか」と、何十分も語りかける。毎回、目的をはっきり示し、「この場には何がふさわしいのか」「今、何をすべきか」を自分で判断させるのだ。すると、生徒がまったく的外れな方向に決断してしまうケースはほとんどなくなる。

太田のほうも固定観念に縛られていないから、自分の想定を超えたテーマが出てきても動じないで理解を示す。たとえば環境問題で「うんちからガスを発生させて燃料にする」というアイデアでもまったく構わない。

美術の時間にアニメやマンガに近い絵を描くことは、通常ならタブー視されがちである。だが、「アニメのキャラクターデザイナーになりたい」「漫画家になりたい」という自分の夢を表現するためなら必然のものであるから、太田はいっさいケチをつけない。

同じく中学生が好む素材にロックやエレキギターがあるが、教師の中にはいまだにエレキギターを非行と結びつけてアレルギー反応を起こすタイプが存在している。どのクラスでも、尊敬する人物を描くというテーマでは「X JAPANのhide」、将来の夢を描くテーマで「ロックギタリスト」や「エレキギターの製作者」などを選ぶ生徒が出てくるのだが、ふだん学校では認められない題材に堂々と取り組めることもあって、彼らは人一倍熱心に調べて描いている。

アニメやマンガやエレキギターをモチーフにしようとも、みんな学習の趣旨に添った力作ばかりだから、太田はそれらを心から「素晴らしい」と認め、できあがった作品は額に入れて美術室に飾っている。

一年生のうち、美術の授業は週に二時間ある。だから、調査研究も授業の時間内にある程度は進められる。

しかし、二年生、三年生になると美術の時間は一時間に減ってしまう。そうすると、授業中に調査研究ができる時間も半減する。しかし調べたいことはどんどん増える。結果として、多くの生徒が家に帰ってから自主的に調査をおこなっている。納得いくまで調べるために深夜まで机に向かう生徒は、決して珍しくない。

使う資料も学校の図書室にあるものだけでは不足してくる。多くの生徒が地域の図書館へ足を運ぶ。それは決して一部の「よくできる」生徒だけではなく、ほとんどの生徒が実行していることだ。

子どもの持っている力がどのくらいで、それがどれだけ発揮されているのか、太田は二十年以上ものあいだ全身全霊で観察を続けてきた。だから、子どもが本気を出しているかどうかは、ひと目でわかってしまう。

スケッチブックに調べたことを二行だけ書いてきて、「調べてきたよ！」と胸を張る生徒もいる。たった二行であっても、「自分で何かを調べてスケッチブックに書くなんて、ものすごく頑張っちゃったな」と本気で思って、太田に「ＯＫの花マルをちょうだい」と一生懸命見せに来る生徒も珍しくない。

もし全力を出しているのなら、書いてあるのが一行だろうと二行だろうと太田は「よくがんばったね！」と花マルをあげる。誰でも最初は一行からスタートするのだ。その一行を認めなければ、一行はゼロに戻ってしまう。それでは元の木阿弥《もくあみ》である。小さな小さな一歩を認めることが、スタートになるのだ。

ある日、ひとりの男の子が、「からす！　からす！」と言いながら授業にやってきた。からすをテーマに環境問題を調べようというのである。スケッチブックを意気揚々と開き、五センチ四方もある大きな字で、からすの「か」を書き始めた。必死の形相で目はかっと見開かれ、口は半開きになって舌が見えている。数分かかってようやく「か」が書けた。そして数十分かけて「ら」「す」まで書き終えた。

しかし彼はせっかく書いたその「からす」という字を、突然激しく消しゴムで消し始めていた。僕は絶対にちゃんとやるんだ、という意気込みが太田には見えた。

あとで太田が「どうして消しちゃったの」と聞いたら、彼は「えっ。納得いかなかったから」と、ボソッと呟《つぶや》いた。

## 「勉強より調査研究のほうがラク」

普通の中学校の場合、クラス全員がいやがらず熱心に調査研究に取り組むなどということは、まず起こり得ない。

麻溝台中学校で三年間太田の授業を受けた三年生の女の子たちも、最初に調査研究をすることになったときには、抵抗や戸惑い、不安があったと言う。

「はあ？　って感じ」

「何をやっていいかわからなかった」

「最初、慣れないうちはつらかった」

「一年のときはいやだったけど……。二年生のころから、楽しくなってきた」

自分で考える、自分で決めてやっていくこと。生徒たちには、慣れないことばかりだ。いままで、使ったことのないアタマを使わなければならない。

本当にこれでだいじょうぶか？

他の人と全然違うことを調べているのではないか？

人と違っていてだいじょうぶなのか？

数々の不安が頭をよぎる。

しかし三年生は「今は楽しい」と口をそろえるのだ。

いまどきの公立中学校で、特に優等生でもない生徒が、「自分で課題を調べるのが楽しい」と自信に満ちた口調で語るのを聞いたとしたら、多くの大人は「どうせ先生に言わされているんだろう」と考え、その言葉が本心であるとは信じないだろう。

しかし、彼女たちは「だって、調査研究のほうが、勉強よりずっとラクだもん」と答える。

「テストするから暗記しなさいって言われるより、美術のほうがずっといい」

「自分の好きなことができるから楽しい」

「自由にやったほうが頭に入るし」

「何をやれって決められていないから、すごくうれしい」

「もう、『やったー！』って感じ」

自分で本を探して調べ、わかったことをスケッチブックに書く。気が遠くなるほどの時間と手間がかかっても、それは「ラク」なのだという。そしてラクである理由を探っていくと、「自由だから」という答えにいきつく。

この場合の自由とは、決める、調べる、書く、感じる、考えをつくる、造形する、発表するなど、学習内容と方法をすべて決めるという意味で、決めたことに対する自己責任に支えられた自由のことである。

同じことでも、命令されてやれば、かったるく感じる。

逆に、自由にやっていいと思うと、俄然《がぜん》やる気が出る。

どちらがいい結果を生むか、想像することはたやすい。

責任を自覚させたうえで「自分は自由なのだ」という気持ちを持たせると、子どもの心と行動を変えることができるのだ。

自由であることは、個性の違いを際立《きわだ》たせる。たとえば「絶滅に瀕《ひん》した野生動物」というテーマであっても、まず、人によって調べる動物が違う。また、動物が絶滅してきた歴史を調べる生徒がいれば、動物の生態について詳しく調べる生徒がいる。熱帯雨林の問題とあわせて調べる生徒もいる。

太田は「調べ方の違いは、ただの『違い』であり、決して間違いではない。違うからこそ人は素晴らしいのよ」と生徒に語りかける。人と違うことをするのは「悪いこと」だと思っていた子どもたちも、太田の言葉に「自分だけの道を、自由に進んでいいんだ」と、心から実感する。

「自由でいいのよ」「自分の感じたことを自由にかくの。自由でなければだめ」

太田はしつこいくらいに、自由、自由と繰り返す。実際に、太田の美術の時間では、生徒に大きな自由が与えられている。

だが、ちょっと見方を変えてみると、すべてが自由なわけではない。

環境問題というテーマや、調査研究をしたあとに作品を作るという授業の大枠は、あらかじめ決められている。

生徒にまかされているのは、環境問題のなかで「ゴミ問題」なのか、「絶滅しそうな動物」なのか、などというテーマの選択と、どのように調べ、何をスケッチブックに書くかといった方法の選択だけ。全体から見れば、自由なのはあくまでも一部分なのだ。しかしそれを「ものすごく自由！」と感じている。

それは、太田が教えている子どもたちが、これまで自分でものごとを自由に判断する経験を、ほとんどしてこなかったからである。だから、少しの自由も「大きな自由」に感じるのだ。

これまですべてを決められて束縛されてきた人間が、いきなりなにもかも自由だといわれても、途方に暮れてしまう。自由を使いこなすためには、少しずつ自由の範囲を広げながら、判断力を蓄えなければならない。

自分の決断で、まず一歩を踏み出す。それができたら、三歩、十歩。様子を見ながら、太田は注意深く「自由」の範囲を広げていく。その段階を踏んでこそ、子どもはひとりですべてを決断して自由な人生を力強く歩いていける力を身につけることができるのだ。

## 眠っていた力が目を覚ます

自由にやっていいと言うからには、太田もそれなりの覚悟をしている。子どもが選んだテーマに文句をつけないのはもちろん、スケッチブックを見たときにも、ひと言だけアドバイスはするが「まっすぐ書きなさい」とか「ていねいに書きなさい」とか、命令はしない。お手本になるようなスケッチブックを見つけたら「見てごらん」といって見せて、それを参考にするかどうかは、子どもの判断に任せる。先生にほめられた人を参考にしてもいいが、無理に真似《まね》をする必要はまったくない。

子どものやる気をなくすような指示も、極力避ける。

「本当に必要だと思うことを書いてね。それができれば、スケッチブックの字は、間違ってもしょうがない。曲がってもいい」と太田はくり返す。字が間違っているなんていちいち直されたら、子どものやる気がなくなるからだ。

実際にスケッチブックを読んでいると、子どもによってはあちこちに誤字が出てくるが、誤字を赤で直されたものは一冊もなかった。太田が赤で書くのは、文章がひと区切りついたところに勢いのいい花マル、そして日付けだけだ。

生徒のスケッチブックを一年生、二年生と順番に見ていくと、だんだんとページが増え、使う資料の数も増え、感想も長く、内容も深くなる。白くて広いスケッチブックの画面を持てあまし気味に書かれていた文章も、だんだん整然と美しくレイアウトされていく。

太田は「真っ白なスケッチブックを、自分でデザインしていくのよ。どこに図を入れ、どこにタイトルを書いて、そこにどんな色鉛筆を使うのか。自分で考えて構成していくのよ」と声をかける。

すると生徒は資料をだんだんデザイン的な視点から見ていくようになり、スケッチブックの文字や写真、イラストの配置は、美的センスのあるものに成長し、洗練されていく。

スケッチブックの文章で使われる漢字の種類も、急激に増えていく。たくさんの文章を写すうちに、自然と漢字を覚えていくのだ。三年生のスケッチブックになると、誤字があったとしても、大人でも時々間違えるようなものだけになってくる。

漢字はひとつの例にすぎない。長い文章を書く力、文章の構成力、デザイン力、要点をまとめる力、そして資料を求めて図書館や本屋をまわる行動力、粘り強さ。眠っていた力が、次々に目を覚ましていく。

自由というのは、自分でものごとを判断することだ。自分の決定に対して、他人から文句を言われない。どんなイメージになってもいい。間違いはない——そう思うとホッとして、安心できる。いろいろなことを想像したり、あらたなアイデアを創造し、実行する力が働きはじめる。

決めるのは自分、その結果がふりかかってくるのも自分。何度も自己決断を重ねていくうちに、子どもは自由には責任が伴うことを肌で感じとるようになる。

なにかにつけ「すべて、自己決断なのよ」と太田はくり返す。そして、小さな自由を少しずつ与えて、自己決断をする場面をいくつも設定する。

自由になるのは、学習全体からみれば限られた部分にすぎない。しかし、その小さな自由を経験することで、子どもの判断力と探求心が育っていくのだ。

# 第五章　子どもを大切な人間として扱う

## 威厳のある人物にほめられてこそ嬉しいもの

子どもは、「いい子ね」と連発していれば、必ず教師の言うことを聞いてくれるわけではない。教師に威厳がないと、かえって逆効果になる場合がある。

十年以上前に、太田が一年生のあいだ美術を受け持っていたクラスを、二年生から別の教師が受け持ったことがあった。一年生のときは太田にいっさい反抗したことがなく、授業中、静かに作業に没頭していた子どもたちが、後任の教師が授業を始めた途端に落ち着きをなくした。着席しない生徒や、面と向かって反抗する生徒が続出する。

このクラスに在籍していた卒業生は、当時の様子を次のように話す。

「後任の先生になってから、美術室はいつも汚くて、ものが雑然と積んであって、まるで倉庫みたいでした。部屋からして、先生に気合いが入ってない感じでしたね。実はその女の先生は、みんなが太田先生の言うことを聞いていたのがうらやましかったらしく、太田先生のマネをはじめたんです。みんなに『いい子ね』って一生懸命に言ったり、握手したり。でも、はっきりいって、みんな嫌がってました。私も、いい子って言われても全然嬉《うれ》しくなかった。

その先生は、いつも同じ汚い作業着みたいなオーバーオールを着て、白髪混じりの髪の毛はパーマがとれかかっていて、いつもボサボサで爆発してました。

太田先生だと『先生』って感じがするからアドバイスも素直に聞けるんだけど、後任の先生は『近所のおばちゃん』って感じなんですよ。別に悪い人じゃないんだけど、話を聞こうという気になれなかった。だからみんな、先生の話も、指示も、ぜんぜん無視して反抗してましたね。太田先生はそれこそ『美術に命がけ』っていう迫力があったし、自信を持ってしゃべっていたけれど、後任の先生は、何を話しても自信がなさそうで、説得力が感じられませんでした」

教壇に立っても普通のおばちゃんにしか見えない人物が、心にもないことを人真似《まね》で言っても、全く効果はない。太田のように威厳のある人物が心から言うから、「いい子ね」というセリフは絶大な効力を発揮するのである。

中学校教師の大森知恵子は、太田の研究授業を見て、次のように感想を語った。

「彼女が自分の学校の美術室を整えていることには、確かに大きな意味があるでしょう。でも、ひとたび授業をはじめれば、場所はどこだって同じなんじゃないかしら。彼女の語りかけを一時間聞いたら、誰だってその気になるだろうな、と思いますよ。いいときはいい、ダメなときはダメと、声にすべてが表れていますもの。話し方、姿勢、目つき、身振り手振り、目配り、それらのすべてが自信と、威厳と、愛情に満ちているでしょう。彼女には教室を自分の空間にしてしまう力、何かオーラのようなものがあるのね」

## 叱るときこそ丁寧に

押えつけようとすればするほど、子どもは教師のいうことなど聞かずに「うるせーな、クソババア」と反抗的な態度をとる。

太田が中学校で教え始めた一九八〇年代は、校内暴力の嵐《あらし》が吹き荒れていた。太田が勤務していた学校も例外ではなく、器物破損や暴力沙汰《ざた》はもはや日常茶飯事。作業員が植木鉢に花の株を植えているそばから、生徒が植木鉢ごと床にたたきつけてメチャメチャに割るようなことが頻繁に起こっていた。暴力には暴力で対応するしかなく、それを見た生徒の多くはおびえ、殴られることを恐れて教師に服従していた。しかし教師による体罰が世間から非難されるようになり、文部省から「教師の体罰は禁止」という通達が出されてから、暴力だけで生徒を服従させてきた教師の言うことなど、生徒は誰も聞かなくなってしまった。けれども太田は、どんなに暴力的な状態にある生徒と向かい合おうと、静かに話をするという姿勢を忘れたことはない。

ある日、ひとりの男子生徒と、四、五人の教師がにらみ合いになっていた。生徒がある教師に、「かかってこい」というジェスチャーを見せている。これまでならビシバシ生徒を叩《たた》く教師たちが、今は体罰をしたらクビになってしまうかもしれないため、「そんなことをするもんじゃない」「やめなさい」など、手出しはできずに必死の形相で説得をしている。

その様子を見て、生徒が目の前にあった相談室として使われている小部屋に入っていき、ひとりの教師に「こっちへ来い」と手招きをした。教師が入っていくとドアは閉められ、部屋の中から「バーン」という、人が壁にたたきつけられるような激しい音が鳴り響いたのだ。ドアの外にいた太田には何があったのか見えなかったが、男性教師が生徒に暴力をふるわれたのかもしれないと思った。

やりきれない表情で廊下にずらりと居並ぶ男性教師たちに、「私にあの子と話をさせて」と申し出た太田は、暴れていた生徒と向き合うことになる。「どうしてそういうことをするの？」と、そっと声をかけると、彼は「俺はメシを食っていないんだ」と話しはじめた。彼には体の弱い弟がいて、母親は弟のことばかり面倒を見て、朝ご飯を作ってくれないのだ。「腹が減って、イライラするんだ」

太田は静かに彼に語りかけた。

「あなた、親を頼れないんだったら、自分で考えて生活するほかないでしょ。朝ごはんを作ってもらえなかったら、自分でパンを食べたって、おもちを焼いたって、おなかがいっぱいになるじゃない。そういうふうにして、自立して生きていくように考えないと、弟さんの具合が悪いんだし、厳しいんじゃないかしら」そうして話をしている間、彼は太田に向かって一切手を出さず、素直に話を聞いていた。

周囲の教師が生徒に顔を殴られて鼻の骨を折ることもあった学校に勤めながら、太田はたったの一度も子どもに殴られたことがない。それどころか、面と向かって反抗されたことさえない。それは、「こちらがきちんと接すると、子どものほうも乱暴な態度では返してこない」と、太田が信じて行動してきたからだ。

しかし太田も、教師になったばかりの頃から生徒に向かって丁寧語を使う必要に迫られていたわけではない。いちばん最初に勤めた小学校は平和そのもので、学級崩壊もなかった。当時の教え子は「先生は僕らと『オウ！　元気にしてるか！　遊ぼうぜ！』と、まるっきり男みたいな口調でしゃべっていたんですよ」と証言する。「ただ、先生はこっちが怒鳴っても絶対に怒鳴り返してこなくて、いつも冷静だった。淡々と話をされると、この人にはかなわないな、って感じはしてましたけど」

その後中学校に異動して、太田は生徒の心が荒れている現場に居合わせるようになる。初めの頃は、生徒たちに「静かに」「話を聞いて」「こっちを向いて」「おしゃべりやめて」「うるさい」など、ありきたりなセリフで呼びかけていた。しかし、あまり効果がない。

どうすれば子どもが振り向くのだろう。考え続けたのち、あるとき「みなさん！」と呼びかけてみた。すると、魔法のように全員がふっとこちらを向いて、教室がシーンとなった。

何度試してみても、「みなさん！」というセリフの効果は絶大だった。明るくハリのある声、優しく澄んだ声で「これからとっても大切なことを話すのよ」という気持ちを込めて言うと、いっそう効果的だった。

太田はこれ以後、意識して丁寧な言葉遣いをするように心がけた。子どもに対しては「お前」でも「アンタ」でもなく、やわらかい口調で「あなた」と呼びかけるようにした。

しかし、「この子は果たせるはずの責任を果たしていない、これは許せない」と思ったときは、ドスをきかせた声で、ビシッと叱《しか》る。たとえば授業に遅刻してきたとき、美術室の入り口で「待て！ 入るな」と低い声で強く言い放ち、足止めする。忘れ物がひどいときは「てめえら、責任をどう考えているんだ！」と一喝し、子どもがハッとしたら、その後丁寧な口調に切り替える。やがて、叱るときには気合を入れて、短く言うことが効果的だということもわかってきた。

ただしここ数年、太田が生徒に向かって注意する場面はぐんと減った。遅刻や忘れ物をしないように先手先手で声をかけていったため、生徒たちも「ちゃんとしよう」と心がけるようになったのだ。

必要なときには生徒を叱り飛ばす。しかし、子どもが「自分のここが悪かったんだ」と自覚したら、いつもの丁寧な態度に戻す。そこで生徒は、太田の厳しい一喝は自分を攻撃するものではなく、純粋に「ダメだよ」というメッセージであることを感じ取るのだ。

## 「ワル」でも美術はさぼらない

太田の二十年以上の教師生活のなかで、たったひとりだけ、どれだけ愛情を注いでも心が通じ合わなかった生徒がいた。

それは、太田が担任として受け持ったクラスの男の子だった。太田の前ではいい子にしていたものの、陰に隠れて友だちを殴ったり、自分は手を下さず誰かに命じて暴力をふるわせるなど、一ヶ月に一度は暴力事件を起こす問題児だった。

「ケガをさせた相手の家に、謝りにいきましょう」と太田が電話すると、母親は「今日は私の彼氏とうちの子と三人で、新宿で食事するんですよ。他の日にしてください」と、自分の子どもが人に迷惑をかけて申し訳ない、といった気持ちはかけらも見せない。この子の兄は、学校でも有名な「ワル」といわれる生徒で、父親はとっくの昔に離婚していなくなっていた。

いくら連絡しても母親は学校に来ないので、太田は家庭訪問を繰り返した。しかし母親は、友だちに暴力をふるった息子に対して「あんたがそんなことばっかりしていたら、お母さんは仕事をクビになっちゃうんだから」といまいましげに言うだけ。母親がまったく愛情を注いでくれないため、少しでも気をひきたくて、子どもは問題を起こしてしまう。太田にはそれが痛いほどよくわかった。一年間根気強く家庭訪問を繰り返し、母親に「愛情を注いであげて」と懇々と話をしたものの、彼女はまったく態度を変えず、子どもの暴力事件はなくならなかった。

どうしたら、この子は良くなってくれるのだろう。太田は考えに考えた。毎晩夢の中にまで彼が出てくるほどだった。しかし、どれだけ太田が彼のことを心配しようとも、一年たっても心は通じ合わなかった。結局、学校でいくら教師が愛情を注いでも、母親の愛情がなかったら、子どもの心は満たされないのだ。

このときのクラスにもうひとり、友だちのカバンから何かを盗んでしまう子がいた。やはり太田は彼の家を訪ね、母親と話をした。

「この子は長男なんです。年子で次男が生まれて大変だったので、上の子はあまりだっこをしてあげられなくて……」

そこまで言って、母親はハッと気づいた。

「もしかして、この子には愛情が足りなかったんでしょうか」

太田は「今からでも遅くないですよ。やり直してあげてください」と励ました。

そして母親は、息子が朝、制服を着るときにボタンを止めてあげることを始めた。もう一度、愛情を注ぎなおそうとしたのだ。一ヶ月、二ヶ月を過ぎると、みるみるうちに彼の表情は変わり、盗みはなくなった。のちに太田と街でばったり再会したとき、二十代になっていた彼は「頑張って仕事してますよ」とにっこり笑った。

ふたりの問題児の命運を分けたのは、結局は家庭の力だった。

ほとんどの子どもは太田と出逢《であ》うと変化していく。しかし、ひとりの教師の愛情だけでは変えられない子どもがいるという事実を、太田は生徒に教えられた。だからこそ、愛情を受け取ってくれる子には、できるだけのことをしようと心に誓ったのだ。

授業が終わると、瞳《ひとみ》をキラキラさせながら、太田はひとりひとりに声をかける。

「きょうもよくがんばったね！」

「また来週ね！」

それは試合を終えた野球チームの選手に、監督がねぎらいの言葉をかけているようでもある。握手をし、背中や肩をポンとたたく。「がんばってたの、知ってるのよ」という無言のメッセージが聞こえるようだ。

見上げるように体格が良かったり、ちょっとガラが悪い感じの男子生徒を前にしても、まったく調子を変えずに握手をし、指切りゲンマンをし、肩を叩く。彼らをこわいなどと思う気持ちは、太田にはみじんもないのだ。

男子生徒も太田の態度にまんざらでもない様子である。といっても彼らは、すね毛が生え、ドスのきいた低音でしゃべり、とっくに「かわいい」時期を卒業して「むさ苦しい」という形容が似合う中学三年生だったりする。太田は「あの子たち、体だけは大きくなっても、気持ちはまだ子どもなのよ」とつぶやく。

麻溝台中は荒れていないとはいえ、ごく普通の公立中学校だ。髪を明るい茶色に染めて、変わった形のズボンやとんでもなく短いスカートをはいた、いかにも「校則違反」の格好をした生徒、授業や学校をさぼる生徒、ズボンをお尻《しり》のほうまでずり下ろしてはき、ふてぶてしい態度で肩をいからせて歩く生徒……。みんな、太田の授業にやってくる。

中学時代に荒れていたという卒業生は「ほかの授業はよくさぼってましたけど、太田先生は『授業に来てくれるだけでもうれしい、顔が見られるから』って言ってくれたので、美術は結構行ってましたね。スケッチブックとか道具は面倒だから、だいたい持っていかなかったけど、太田先生は『持ってこなかったことについてはどう思うの？』って、ちゃんと叱ってくれるんですよ。それにムカツくってことは全然なくて、先生はすごく僕のことを考えてくれてるんだなって気持ちがしてました」と語る。

いわゆる「非行に走っている」と見られている子どもに対して、太田は「あなたは本当はいい子なのよね」という態度で接する。そして彼らのことを悪く言う教師に対しては、「あの子はキレるなんて言うけれど、人にからかわれたら、誰だってそうなるの。原因を作っているのは、まわりなのよ!」と、語気を荒らげて憤慨する。

太田は、とにかくどの生徒でも認める。「この子はダメ」という見方は絶対にしない。暴力や万引きや喫煙などの問題行動を起こす生徒に対しては、やったことには厳しく対処するが、「あの子は母親が家出しちゃって、ご飯も食べていないのよ」「この子も、お父さんが家に何日も帰ってこなかったりしているのよ」など、彼らをそうした行動に駆り立てた「まわり」にも目を向ける。どこまでも生徒の味方でいようと、自分に言い聞かせているのだ。

三年生の「ワル」と言われる男子が、休み時間に一服してきたらしく、タバコ臭い制服を着て美術室にやってきた。小学校のときから吸っているので、家に帰るまで我慢できなかったらしい。

彼が来たとき授業は始まっていて、教室はシーンとしていた。タバコのにおいがプンプンする制服で入っていくことに気が引けたのか、彼は廊下で制服を脱いで、バサッと床に放り投げた。

それを見た太田が「制服を廊下にあんなふうに置いておくもんじゃないのよ、教卓の上にたたんで置いておくからね」と耳打ちすると、「ワル」の彼は素直に「うん」とうなずいた。そして、授業が終わったときは、太田と指切りゲンマンをして帰った。

太田はおだやかな表情で語る。

「もちろんその子にも、いろいろ問題はあるのよ。でも、服がタバコ臭いのを気にする気持ちがまだあるなら、それだけでも『まあいいか』と思うの」

卒業してから数ヶ月たったある日、彼を含むかつての「ワル」集団が、バスを待っていた太田を見つけ「あっ！　太田先生だ！」と叫んで駆け寄ってきた。そしてベンチに座る太田を囲むように、五人はしゃがみこんだ。

「先生、オレたち仕事してるんだ」

「まあ！　何をしているの？」

「穴を掘ってるんだ」

「そうなの？　偉いわね。今日は仕事？」

「ううん、今日は休みだから、みんなで海に行った帰り」

そしてひとりの少年が、ちょっと照れくさそうに言った。

「オレさ、勉強しようと思うんだ」

太田は目をまん丸にして、とびきりの笑顔になった。

「そうよ、勉強しようと思ったときが、勉強するときなのよね」

やがてバスが到着し、みんなに「またね」「会えて嬉《うれ》しかった」「がんばってね」と握手をして、太田はバスに乗った。発車して太田の顔が見えなくなるまで、かつてワルと呼ばれた少年たちは、無邪気に手を振り続けた。


太田の授業を邪魔したり、面と向かって反抗したり、何かを壊して暴れたりするようなことは、どんなに「ワル」といわれる生徒でもやったことがない。

太田が教えた何千人もの卒業生の中には、いま暴力団にかかわっている生徒もいる。彼らは中学生のとき、美術室から一歩出ると人が変わったように暴れていたものの、太田の授業では周囲が驚くほど「いい子」にしていた。もちろん、太田がこうした生徒のことも「あなたは本当はいい子なのよね」と本心から信じ、しっかりかわいがっていたことは、いうまでもない。

くつろぎに満ちた教室に迎えられ、そこではＶＩＰに接するような態度で、先生が自分ひとりに向かって声をかけてくれる。授業中も、いろいろな理由で自分をほめて、かわいがってくれる。クラスの誰もが大切に扱われ、落ち着いた表情になっている。失敗をすることがあっても、誰も何も言わない。恥をかかずにすむから、自分はダメなヤツだと思わなくていい。そして自分をほめてかわいがってくれる先生が威厳を持ち、魅力的であるから、ほめられたうれしさは倍増する。

教室に流れる「あなたは大切な人間」というメッセージを吸収していくうちに、生徒の心の中には、自尊心が育っていくのだ。

# 第六章　失われた十四年間

## 主婦から教師への転身

## 転勤族の妻として

公立中学校には、あらゆる家庭の子どもたちがやってくる。陰に隠れてしまう生徒は、必ずいるものだ。テストで点数がとれない子、非行に走っている子、いじめられがちな子。太田が彼らに注ぐまなざしは、どこまでも温かい。

どんなに悪いことをした生徒でも、「ほんとうはいい子なのに、まわりの環境が悪い」と固く信じ続ける態度は、まるで自分の子どもを守る母親のようだ。ふたりの男の子を育て上げた母親としての経験がそうさせるのだろうか。いや、それだけでは説明がつかない。子育てを経験した女性教師など、数え切れないほどいるのだ。

子どもたち全員に太田が愛情をたっぷりと注ぎ、徹底的にかわいがり、「いい子ね」と認めずにはいられないのには、理由がある。ふたりの男の子を育て上げた母親としての経験に加えて、誰からもまったく認めてもらえない悲しさを、教師になる前の専業主婦時代に、いやというほど味わっているからだ。

太田恵美子は三十六歳になるまで、働いてお金を稼いだことが一度もなかった。就職をせず家庭に入り、十四年間ずっと専業主婦をしていたからである。

女子美術大学に在学中の一九六二（昭和三十七）年に、海上自衛隊の航空隊パイロットの訓練生だった夫と結婚。翌年三月、二十二歳で卒業すると同時に、山口県下関市の小月《おづき》という町で本格的にパイロットの妻としての生活がスタートした。のちに自衛官となった夫は大変な転勤族で、山口県小月、鹿児島県鹿屋《かのや》、山口県岩国、千葉県館山《たてやま》、徳島県小松島、東京、青森県むつ、など十四年間で十四ヶ所転勤を繰り返した。一ヶ所にいられるのは短いと半年、長くて三年だった。

引っ越しをしながら、二十四歳で長男を出産。何もわからないまま無我夢中で、必死になって子育てをした。長男は元気がよくて動きが激しく、いつも擦り傷が絶えなかったが、二十代の恵美子もパワフルに子どもを追いかけ、外から帰ってくると母子ともに真っ黒になっていることがしばしばあった。本を読み聞かせることも心がけ、恵美子の母が送ってくれた『イソップ物語』の全集は、長男のお気に入りだった。

長男は五年生までに合計七回転校を繰り返し、そのたびに苦労して新しい環境になじまなければならなかった。小学校一年のときには二回も転校したほどだ。飛んだり跳ねたりするのが大好きで、どこにいっても走ると一番。勉強も運動もよくできる子だったのに、いつも知らない友だちに囲まれた見知らぬ場所だったから、何かをするときに一瞬遠慮してしまう。

転勤に次ぐ転勤。引っ越しが終わって新しい土地に慣れたと思ったら、また引っ越し。辛《つら》い思いをしたのは長男だけではなく、母親である恵美子も同じだった。友だちを作っても、自分らしい何かをしようとしても、転勤の度に最初からやり直し。社会とのつながりは、夫だけだ。「このまま家庭で子育てだけをしながら、一生終わってしまうのだろうか」という不安がつのるようになった。

二十九歳で出産した次男は体が弱かった。生まれて十ヶ月目のある晩、尋常でない泣き方をしたので「これはおかしい」と心配になり大学病院に連れて行くと、すでに重態。口の中が真っ赤になり高熱が出て肺炎を起こし、爪《つめ》の横の皮がむけてくる症状は、原因不明の「川崎病」だった。その大学病院が川崎病について最新の治療法を研究していたことも幸いして、次男は一命をとりとめた。

一ヶ月ほどの入院生活で川崎病はいったん治ったが、その後も次男は風邪をひいたり中耳炎になったりと病気がちで、転勤先で病院を探しては連れていく日々が続いた。青森にいたとき「子どもを病院に連れていけるように」と運転免許をとったが、夫が「車をぶつけたら絶対に許さない」というので、実際にはほとんど運転できなかった。

どんなに気をつけて育てても、次男は病気を繰り返し、看病する恵美子の心と体はくたくたになっていた。

川崎病の後遺症として、何割かの確率で静脈瘤《りゅう》が残ることがある。それが残っていないと検査でわかったのが小学校五年のときだ。そのときはじめて、恵美子はホッとすることができた。

のちに教師になった時、転校してきた子とアレルギーで皮膚がただれた子の担任をした恵美子は、この子たちが絶対にいじめられないようにしようと決心した。転校した子どもの心細さ、病気がちの子どもや親の悲しみが、自分の体験からわかるからだった。

## 誰からも認められない日々

さらに結婚生活を続けるうちに、夫の思いがけない一面が、恵美子の心に暗い影を落とすようになる。

結婚したばかりの頃、夫はパイロットになるための訓練を受けていた。一人前のパイロットになれるよう、恵美子は気を使って、できるだけおいしいものを作って食べさせた。靴下もはかせてあげるという尽くしようだった。夫はそれを当然だと思い、「この女は自分のためになんでもする」と誤解した。自分の誇りを捨ててまで尽くすのはおかしいということが、二十代前半の恵美子にはわからなかったのだ。

自分が養われている対象でしかなく、専業主婦でいる限り経済的に自立できないことは、結婚してすぐに悟った。けれど、自分が選んで結婚した以上は、やれるところまで家庭のことをがんばろう、子どもを産んで育てようと決めていた。しかし夫は「子どもはいらない」という。

「子どもがいなかったら、ただ夫について転勤していくだけで、自分には何も残らない」と、恵美子は夫を説得した。

夫は家族よりも自分のやりたいことを優先するタイプだった。生活が苦しくてもスキューバダイビングをしたり、車をポンと買うなど、惜しげもなく趣味にお金を使ってしまう。あとになって「ようやく自分のお給料をもらえるようになったばかりの時期で、遊びたかったのだろう」と思ったが、そのころの恵美子は夫のこうした行動に傷ついていた。

やがて、恵美子にとって話し相手は夫ひとりしかいないのに、なにか話しかけると

「うるさい」としか答えなくなった。会話はそれだけだった。それほど深く話をすることなく結婚したのが、裏目に出た。さらに夫は毎日のように暴言を繰り返すようになった。

「女はバカだ」「お前はバカだ」「誰のおかげで食べていると思っているんだ」「お金を稼いだこともないくせに」

恵美子には大学を出たという誇りがあった。食べさせてもらえればそれで充分という考え方で育ったわけでもない。家にいるだけで人間としての価値がない、養われている対象でしかないというのは耐えがたい。私だって仕事はできるはずだ。しかし学生結婚をしてしまったこともあって、実際にお金を稼いだ経験がなかった。バカだと言われても、バカではないと胸を張れる証拠がない。だから言い返せない。悔しさが、どんどん積もっていった。

いつしか、私だって仕事をしたい、できるはずだという気持ちが生まれる。思い切って夫に話すと、「家事を完璧《かんぺき》にやるならいい。その上で仕事をするなら構わない」というのだ。一切のフォローをしないという態度は、病気がちの次男を抱えた恵美子にとって、実質的な「ノー」だった。

結婚して七年たった頃に、家を出て自立するという考えが浮かんだが、簡単に決心はつかなかった。迷いを抱えたまま、転勤、引っ越し、次男の病院通いを繰り返し、家政婦同然の扱いを受ける日々が何年も続いた。

次男が病気になるたびに、運転のできない恵美子が「車で病院に連れていって」と頼んでも、夫はいやな顔をして、なかなか連れていってくれなかった。長男はその様子を見て、父親に不信感を抱くようになる。夫は長男を避け、次男を猫かわいがりしたが、次男もだんだんと父親を嫌がるようになっていく。

鹿児島で住んでいた鹿屋という町は、坂が多かった。ある日、長男が剣道の帰りに自転車で坂を下っていたとき、突然ブレーキがきかなくなった。急坂を猛スピードで下り、長男は石垣に激突した。意識を失った状態で倒れているところを近所の人に介抱してもらい、やっと意識を取り戻して自転車を引きずりながら帰ってきた。顔がおそろしく腫《は》れている。夕方に帰宅した夫に、「車で病院に連れていって」と恵美子は頼んだが、知らん顔をされた。心配する様子すらない。仕方なく自分でタクシーを呼んで病院に連れていくしかなかった。

もうこの人といてもダメだな、と観念した。このままでは、いい人生にはならない。これ以上、我慢することはない。「私も何かで認められたい。自立しよう」と、恵美子は決意した。

ふたりの子どもを抱えて家出をして、頼る先は母、末子のもとしか考えられない。

母は、東京から相模原に引っ越して、恵美子の兄にあたる長男と住んでいた。

恵美子は「もう我慢できない。私、ここから出ていく」と何度も電話をしていたが、末子はそのたびに「もう少し我慢しなさい」と、なだめてきた。

しかし結婚して十四年たったある日、とうとう電話口で、母が言ってくれた。

「もう我慢しなくていいよ。こっちにおいで」

## 家出を決行

一九七五（昭和五十）年。三十五歳の十月、恵美子は一ヶ月後に家出をすると決めた。結婚して十四年目のことだった。自立して生きたほうがいいという考えが頭に浮かんでから、七年の歳月がたっていた。

飛行機の切符を用意して、二度と戻らないつもりで身の回りのものの処分を密《ひそ》かにはじめた。十歳の長男、五歳の次男には、動揺させないために直前まで黙っていた。

恵美子は家出の前日の朝、夫を送り出してからふたりの息子に向かって言った。

「明日からお母さんとあなたたちで暮らすからね。わかった?」

ふたりは、だまってうなずいた。長男は「なんで」とも「どうして」とも言わなかった。母がこれから何をしようとしているのか、たったひと言で理解したのだ。恵美子は「子どもってなんて賢いんだろう」と感服した。

その日、長男は学校で転校に必要な書類を用意してもらい、友だちに転校することは言わず、お別れもしないで下校してきた。可哀相《かわいそう》だったが、やむを得ない。

長男が「ただいま」と帰ってきたとき父親が家にいて、恵美子はハラハラしたが、賢い長男は、書類を黙って母親に渡した。

いよいよ家出の朝。目が覚めると、恵美子はとても幸せな気持ちだった。これからは自分で生きていけるのだ。就職できる見込みなど一切なかったが、なんの迷いもなかった。

いつものように夫を送り出してから、恵美子は大急ぎで準備をした。二度と戻るつもりはなかったから、自分や子どもの持ち物も、処分できるものは全部まとめてゴミ袋に詰める。長男と次男には下着類と学用品や教科書、剣道の道具だけを持たせて、自分は着のみ着のまま。あとは全部置いていくことにした。とにかく「やるぞ!」という気持ちしかなかった。

近所の人に悟られないように気をつけながら家を出る。バスと船を乗りつぎ、母子三人は鹿児島空港に向かい、飛行機で羽田へ発《た》った。羽田空港に到着して電車を乗りつぎ、実家のある神奈川県の相模原まで着いたときには、真っ赤な夕日が西の空に沈むところだった。

緊張していた恵美子は実家に着いて、ようやく気を抜くことができた。一ヶ月前に家出を決めてから、はじめてボーッとできた瞬間だった。そんな恵美子に母は容赦なく言った。

「明日から仕事を探しなさい」

そうだ、仕事をしなくちゃ。そう思いながら、その日恵美子は疲れ切って、もう何も考えることができなかった。

家出から一年後に、夫と正式に離婚の手続をした。書類を作るため相模原までやってきた彼は「戻ってきてもいいよ」と言ったが、恵美子はきっぱりと「戻りません」と答えた。

なんて甘ったれた男なんだろう。あれだけ私を追い詰めておいて、戻ってくるかもしれないと考えていたなんて。

自分の気持ちが最後の最後まで理解してもらえていなかったことを、改めて思い知った。もう、うしろを振り返る気にもならなかった。

## 間一髪で年齢制限を突破

いくら大学を出ているからといって、十四年間も家庭にいた人間を使ってくれる企業など、あるわけがないと、恵美子は覚悟していた。どこも雇ってくれなかったらどうしよう。それでも「とにかくやるんだ。この子たちは私が育てるんだ」という信念だけはあった。もう引っ越さなくていいし、子どもは母が見てくれる。病気がちの子どもを抱えて引っ越しを繰り返していたのに較《くら》べたら、ずっと恵まれているではないか。

とにかく仕事をしなければ。恵美子は相模原からもほど近い、東京都町田市にある大型スーパーでパートをしようと思った。面接に行くと、四十代の管理職らしい人が応対してくれた。その人は履歴書に美大卒業や教員免許と書かれているのを見て、こんなことを言った。

「太田さんみたいな人は、学校の先生になったほうがいいんじゃないですか」

しかし教師になろうとはまったく考えていなかった恵美子は「いえ、是非ここで仕事をさせてください」と言い切り、無事に採用されて、カーテン・家具売り場で働くことになった。

仕事は肉体的にかなりハードなもので、働くようになって一ヶ月目のときに、恵美子はひどい高熱を出して仕事を数日間休んでしまった。熱を出しただけではなく、カーテンなどの布から出るほこりに喉《のど》をやられて、ひどいアレルギー症状も起きていた。この調子で一生勤めるのは難しそうだし、パートでは身分が不安定だ。自分ひとりでこの先二人の子どもを養っていくことを考えると心配になり、結局そのまま辞めることにした。

自分は他に何ができるのだろう。そう考えたときに、面接で言われた言葉がよみがえってきた。学校の先生になってみようか。ふたりの男の子を育てた経験は、仕事に役立つかもしれない。それに、教師なら自分の子どもと休みが同じだから、夏休みや冬休みの間も乗り切ることができるだろう。

十一月に家出をしてから一ヶ月後、恵美子は市役所の教育委員会に行き、中学校の非常勤講師の採用に応募した。

だが、そこで担当者と話すうちに、事態は予想以上に険しいことが判明する。神奈川県で中学校の美術教師になりたいと思ったら、教員採用試験に合格しなければならない。

ところが来年の採用試験のときに、恵美子は三十六歳。すでに年齢制限にひっかかってしまい、受験できないというのだ。

小学校の場合は、三十六歳まで受験できるから、あと一回だけチャンスが残されている。しかし恵美子が持っていたのは、中学校と高校の美術の教員免許だけ。それでは小学校の採用試験は受けられない。

たったひとつ残された道は、一九七六（昭和五十一）年夏の試験までに小学校の教員免許をとることだった。いますぐ大学の教育学部の通信教育を始めれば、ぎりぎりで間に合う。恵美子は大急ぎで町田市にある玉川大学に通うことに決めた。そして一月からは、相模原市内の相陽中学校で美術の臨時講師の枠があったので、教壇に立つことになった。

四月には、同市淵野辺《ふちのべ》小学校で臨時教員として一年生のクラスを持った。当時、母子三人は、実家の隣の家に暮らしていた。教師をしながら、夜には玉川大学に通う生活。長男は小学校六年生、次男はまだ幼稚園児だった。朝の五時ごろに母がやってきて朝ご飯を作る。次男を幼稚園のバスに乗せて、帰りのバスも迎えに行って、掃除をして買い物をして夕飯を作って食べさせる。大学がある日はお風呂《ふろ》に入れて寝かせるところまで、すべて母の末子が引き受けてくれた。その後も授業参観や中学校の三者面談まで、すべて末子が行っていた。学校の先生も近所の人も、みんな祖母の末子を母親だと思いこんでいた。

恵美子は朝は五時半ごろに起きて、次男と五分間一緒に乾布摩擦をする。それだけが恵美子と次男のスキンシップの時間だった。恵美子は七時には家を出て仕事に行く。授業を終えてから夕方五時前には小学校を出て、今度は大学の授業を受ける。家に戻るのは夜の十時過ぎ。子どもはふたりとも眠っていた。単位をとる試験に必要なレポートを書くため、深夜二時、三時まで勉強を続ける。また朝の五時半ごろに起きて乾布摩擦をして学校に行く、その繰り返しだった。土・日は大学に単位をとるための試験を受けにいった。

昼は教師、夜は学生、家に帰ればふたりの息子の母親。末子のサポートがあったとはいえ、あまりにハードな毎日である。それでも恵美子は、仕事にも全力を尽くした。教師になったからには「私はこれをやったのよ」と胸を張れる仕事をするという夢があった。

恵美子が受け持った生徒の母親は、四月の保護者会で教室に入ったとたん、「うわーっ」と声をあげそうになった。鉢植えの花が咲き乱れ、壁にはびっしりと森の木々とあらいぐまの絵が貼《は》られていたのだ。そこはまるで、テーマパークのような別世界だった。「あの教室はなんだろう」と、よそのクラスからものぞきに来る子が絶えなかった。

恵美子は、心をこめて教室を整えた。花と緑がいっぱいの教室で過ごすうちに、子どもたちは自然に「学校にお花を持っていきたい」と言い出すようになった。

いっぽう大学では、ピアノの実技という難題にぶち当たる。小学校の教師は音楽の授業も受け持つため、免許を取得するには、ピアノの実技が必修だったのだ。しかし昭和二十年、三十年代にピアノを習っていた子どもはわずかで、恵美子も例外ではなかった。大人になってからピアノを習得するのは、非常に困難なことだ。三十代なかばになって、仕事と子育ての両立に死にものぐるいの時期で、練習する時間がなかなかとれない。それでも恵美子は息子と一緒にピアノのレッスンに通って、小学校の教員免許を無事にとることができた。

一九七六年八月には小学校の採用試験があった。これが最後のチャンスで失敗は許されなかったが、みごとに合格。試験から間もない九月に相模原市立南大野小学校に正式に採用された。家出から一年もたたないうちに、一人前の教師として就職することに成功したのだ。

そして恵美子は、美術教師としての才能を本格的に発揮しはじめる。相手が小学五年生であっても、指導には一切の妥協をしなかった。まず「いい作品を見せよう」と考え、教室の壁を、いろんなポスターやカレンダーの切り抜き、古典派から印象派までの名画で埋め尽くした。ルノワール、フラゴナール、ゴッホ、モディリアーニ……、自分の息子が描いたペン画のスケッチまで貼った。それらの絵を見ながら、画家の生涯の話をして聞かせた。絵に関する視点についても、「みんなは影っていうとすぐ黒く塗るけれど、実際に黒い色なんてどこにもない、暗いところは黒じゃなくて色を混ぜて塗るのよ」などと、繰り返し言い聞かせた。

子どもたちの中に眠っていた絵の才能が、急激に花開いていく。「誰でもいい絵が描けるんだ」とわかって、クラス全員がどんどん絵を描き始めた。放課後に残って絵を描く子も多かった。

恵美子は牛乳会社のポスターなど、いろいろなコンクールに子どもの絵を出した。賞をもらうと、子どもは張り切る。小学生を対象とした絵のコンクールの受賞者に、南大野小の子どもの名前ばかりが並んでいたこともあった。

しかし、このように著しい成果をあげながらも、恵美子は「小学校は厳しいな」と感じていた。

苦手なピアノは避けられないし、五十代になっても体育の授業がある。プロとしてやっていくには、自分の専門の美術で勝負したい、そのために中学校に異動したいと考え続けていた。中学校に移れたのは小学校で六年半勤めたあと、四十三歳になってからのことだ。

教師になるまで一度も勤めたことがなかった恵美子にとって、お給料をもらうことは生まれてはじめてのワクワクするような体験だった。大学を卒業してからすぐに仕事をはじめた同年代の教師に較べれば、一年目の恵美子の給料など安いものだ。それでも、お札がつまった厚みのある給料袋をはじめて手にしたとき、「仕事ができるのって楽しいな、一人前の人間として自立できるのって、なんて素敵なんだろう」と、心がおどるようだった。

初めてボーナスをもらったときは、まわりの先生が、みんな「安い」と文句を言っている中で、三十六歳の恵美子だけが「すごい！　こんなにいっぱいもらえるなんて！」と、大喜びしていた。月々のお給料のほかにボーナスまでもらえるなんて……。これまで一銭も稼ぐことができずに、不安を覚えながら家の中で過ごしていたことを思うと夢のようだ。誰かに向かって、大声でこう叫びたかった。「自分もお給料をもらえるんだ。女はバカじゃないんだ、自分はバカじゃないんだ！」

勇気を出して、死に物狂いで頑張った結果、ひとりの社会人として認められたのだ。恵美子は、その喜びを幾度も噛《か》みしめていた。

人に認められる喜びを、子どもにも経験させたい。それは太田の苦しい経験から生まれた、ひとりの人間としての痛切な願いだったのだ。

# 第七章　「自分だけの考え」を生み出す

## 集中させる環境

太田は抽象的な言葉を生徒に使うことを、極力避けている。資料となる本を探すときには「集中して探しましょう」と言うのではなく、「五分間」という具体的な時間を決めて、その時間内に探させる。五分が過ぎたら全員を着席させ、あとになって席を立って本を探しに行くのは認めない。誰かが立ったり座ったり歩き回ると、生徒はどうしても物音や人が動く気配を感じてしまう。その結果集中力が落ちて、じっくりと資料を読んだり考えたりできなくなるからだ。

このルールがあると、時間が過ぎても本が見つからない場合、友だちが作業をはじめているのに、自分だけヒマになってボーッとしていることになる。それがイヤだったら、時間内にとりあえず本を探すしかない。

五分が過ぎ、太田が「十！　九！　八！　七！……」とカウントダウンを始めると、生徒たちは大急ぎで席に戻る。

「手はおひざ、瞳《ひとみ》はこちら」

教室が静まるのを待って、太田は調査にあたっての注意をする。

「わからないことがあったら、自分の心に聞くのよ。お友だちに聞く必要はありません。お友だちが自分の心とお話ししているのに、話しかけたら、邪魔になりますね。では、はじめ」

いよいよ各自が用意した資料を読みはじめる。本、地図、図鑑、百科事典、新聞の切り抜き、社会科で使う地図帳。自宅でインターネットを使って調べ、プリントアウトした紙の束。そこにはテーマに関係することが、どんなふうに載っているだろうか？　読みながら「これは大事だ」と思う文章や図があったら、スケッチブックに書き写していく。

シーンとした図書室。誰もが資料を広げ、一行一行を声に出さずに目で追う。そしてスケッチブックを広げる。鉛筆で文章を書き、色鉛筆に持ち替えてイラストや地図を描く。

カリカリ、カリカリ。ぱらり、ぱらり。

鉛筆の音、ページをめくる音が、しんと静まりかえった図書室に響く。

何かをじっくり考えるには、まず、こうした環境がなければならないのだ。

太田は、順番に机をまわって子どものスケッチブックを見ていく。そして書き終わったところに赤で大きな花マルを書き入れ、マルの中には「ＯＫ」とサインする。「よし！」「よくやってあるね」「これも自分で調べたの？　えらい！」などのほめ言葉をかけることも忘れない。

また、ちょっとしたことでも見逃さずにほめる。たとえば男の子のうしろからスケッチブックをのぞきこみ、「字がじょうずねえ……！」と、驚きのため息をついてみせるのだ。

明らかにさぼって、ろくに進んでいないスケッチブックを見ても、「どうしてやってないの？」とは、絶対に言わない。それどころか、これまで調べた部分を「すごいね」と賞賛し、認める。そしてもちろん、これはすごい、というスケッチブックを見たら、さっと上に持ち上げて「見てごらん！」と叫ぶ。

「この人はこんなにいっぱい本を読んでます」

「見て下さい、この人はインターネットを使って調べているわね！　すごい！」

「この人は図を描いているわね」

太田はスケッチブックを見て「ＯＫの花マル」をあげて歩き、子どものいいところをこまめに認めていく。こうした手間を惜しまない理由を、太田は「花マルをもらったら、また『よし、がんばろう』と思うじゃない?」と説明する。言葉や行動のひとつひとつに、子どもの意欲を持続させようという意図があらわれているのだ。

ある生徒は、調査研究について、次のように書いている。

「はじめはめんどうくさいなと思ったりしたけど、調査研究もやっているうちに楽しくなってきて、時間を忘れて取り組むようになっていました。長いと思っていた時間が、だんだん短いと感じるようになっていました。一週間に一度しかないなんて惜しいなと思いました」

こうして、落ちつきのなかった一年生たちが、黙々と机に向かう光景が出現する。

## ドリームとフィクションの世界

環境問題の次は「全天候型・携帯便利な二十一世紀の夢の自転車」に取り組む。自転車は排気ガスを出さない地球に優しい乗り物だが、雨の日には濡《ぬ》れてしまうし、持ち運びができない不便さがある。そうした自転車の長所、短所について自分自身が整理した上で、短所を解決する方法を空想してみようというのだ。

自転車について調査研究を行い、「ドリームとフィクション」の精神を最大限に発揮して、自由に想像したものを描いていく。

太田は眼を輝かせながら「科学的な調査研究はするけれど、その解決方法はドリームとフィクションでいいのよ」と語りかける。

どんな自転車にしようかとアイデアを練る前に、必ず事実について調査研究を行う。自転車の便利なところや不便なところ、自転車の歴史、いろいろな自転車の種類について。あくまで、自分のイマジネーションを刺激するためにやるのだから、何を調べてもいい。

実際に自転車を見ながら、スケッチも描いてみる。そこで、自転車がどんな形をしていて、どの部分がどんな機能をしているのか、じっくり観察する。

イメージが子どものなかでどんどんふくらんでいく。この段階で初めて、「全天候型・携帯便利な自転車」のアイデアについて具体的に考える。

そこでは、常識的なもの、みんなと同じものではなく、「奇想天外、破天荒」「人とまったく違う」アイデアが望ましい。人と違えば違うほど、すばらしい、おもしろい。実現できなくていい。

もし、実現可能なアイデアに限定したら、生徒の想像力がはたらけるスペースは、ものすごく狭くなってしまう。

でも、ドリームとフィクションの世界は「なんでもあり」。ぜんぶが正解、バツはない。だから安心して、自由にアイデアを出せる。

どんどん広がる想像力にとって、現実という枠は邪魔なもの。だから太田はそれを取り払い、生徒の探求心や独創性を引き出すチャンスを設定しているのだ。

裕美は、葉っぱの形のポシェット型の自転車を想像した。肩からななめにかけるポシェットのふたを開け、スイッチをいれる。すると中から薄くて透明な素材が飛び出し、テントのように大きく膨らむ。そして、透き通った巨大なタマゴのような球体が出現するという仕掛けだ。

その球体は空中にぽっかりと浮かび、サイズは高さ二メートル、幅一・五メートル。球体のまん中には、よつ葉のクローバーのかたちをしたハンドル、サドルとペダルがあった。人間が乗る場所は、タマゴのカラのように透明な膜ですべて包まれている。

その膜は二層になっていて、膜と膜のあいだは水が循環して、光合成が行われている。ちょうど、植物の茎の中のように。そこでエネルギーが作られているから、この自転車は動くのだ。

自転車とはいっても、この光合成自転車は空中に浮いてスーッと移動する。空を飛び、水の中にもぐることもできる。雨の日も濡れない。風が吹いても寒くない。自転車の素材は丈夫で透明で、自由自在に伸び縮みする未来の素材だ。使わないときには小さく折りたたんで、ポシェットにして持ち歩ける。

これが、裕美が考えた全天候型・携帯便利な、二十一世紀の「光合成自転車」だ。彼女は理科の時間に、植物は太陽の光と二酸化炭素と水をエネルギー源にして、酸素とでんぷんをつくりだすことを習った。それを思いだして生まれたアイデアが、なんともユニークだ。

もちろん、現在の科学技術ではこのアイデアを実用化するのは無理だ。でも五十年、百年後には可能になっているかもしれない。

裕美の頭にこのアイデアがひらめいたのは、自転車の歴史や構造を調べているときだった。

「本を探して、読んで、スケッチブックに調べたことを描いているうちに、アイデアが浮かんでくるんですよ。こういう自転車がいいんじゃないかなって。それをいらない紙に描いておくの」

なぜ、自転車は今のような形をしていて、人力で動かせるのか。昔、自転車はどんな形だったのか。さまざまな疑問を持ちながら自転車についての知識を深め、さらに「ドリームとフィクションで構わない」という自由な状態で、じっくりと時間をかけて、のびのびと思索にふけることができた。だからこそ、持ち運びが簡単で、雨の日も濡れない、環境にもやさしい未来の乗り物という、独創的なイメージが湧《わ》いてきたのである。

「完全なドリームを、完璧《かんぺき》なフィクションで、無条件なフリーハンドで」

太田は、生徒たちに毎時間のように語りかける。

作品の世界では、すべてが自分の頭のなかで思い描いたこと、想像したこと、実際にありえないことで構わないのだ。

そして太田は、さらに壮大なスケールのテーマを次々に投げかけていく。

冬の北陸地方に余っている大雪を、水不足の地域でうまく生かすことはできないだろうか？

世界中に広がる砂漠を、生命あふれ、緑なす草原に変える方法はないだろうか？

そこで生徒たちは、水不足や砂漠化といった環境問題がなぜ存在するのかという謎《なぞ》に向き合い、「未解決の問題」を知って、探求心が芽生えてくる。

砂漠をどうやって緑化するのか——頭の中に浮かんだイメージは、場所も、方法も誰にも支配されない、完全に自由な世界だ。何を調べるのか、調べたことをどれくらい、どんなふうに書くのか。どんなアイデアで問題を解決するのか。すべてが自由だ。人と違っていていい。自分らしいことが素晴らしいことなのだ。

こうして、完全な自由のもとで踏み込むイメージの世界は、スリルと刺激に満ちあふれている。これこそが、とんでもなく面倒に思っていた「調査研究」の面白さなのだ。

自由な自己決断をしながら調査を重ねて、生徒たちは「地中海または大西洋からの海水を吸い上げて濾過《ろか》、ガラス室の中に導き、太陽熱で蒸発させたのち結露させ真水を作る。その真水で野菜を育てる」といった独創的なアイデアを考え出す。

ひとつのテーマについて、二、三ヶ月のあいだ取り組み、調べている途中や、調査が一段落したときに、感想を書く。そして最後に残った「感想」が「自分の考え」になる。それこそ他の誰の真似《まね》でもない、正真正銘のオリジナルな「考え」だ。

こうした調査研究のような活動は、とかく「よくできる子を伸ばす学習」というイメージがつきまとう。しかし太田の授業では、できる子もできない子も調査研究をすることで「伸びて」いる。

どこのクラスにも、授業に来て座っているだけでも大変な努力を必要とする子がいる。彼らにしてみれば「自分で何かを調べて書く」というのは、ものすごい努力であり、大進歩だ。だから、一時間で書けた文章がたった一行であっても、本人が全力を出したのであれば、太田は「いい子ね！」と惜しみなく花マルをあげて、一時間のうちに三ページの文章を書けた生徒と同じように賞賛する。そこではどれだけ調べたかという結果だけでなく、本人がどれだけ全力を尽くしたかというプロセスを見ているのだ。

司書教諭は、図書室で行われた太田の授業で、こんな場面を見たという。

「スケッチブックに、マス目にしたらひと文字七センチ四方もあるんじゃないかというほど大きな字で書いている子がいるんです。でもその子は一ページ書いて、大きな字をじっと見て、うれしそうにニッと笑ったの。そのとなりの子のスケッチブックを見ると、すごく小さい字で書かれているんですよ。

大きな字で書いている子は、自分の字がずっと大きくて、内容も少ないことはわかっている。でも、自分なりにうれしいんですね」

結果よりも全力を尽くしたという事実を正当に評価されることで、子どもは自分をより高めていくことができるのだ。

## 「塗る」という言葉は捨てる

「この絵はうしろの人にはっきり見えますか？」

ある日の授業で、太田は生徒の絵を持ってクラス全員に見えるように高くかかげた。

その絵はクリーム色、淡いグリーンなど、やさしい色合いで描かれているが、遠くから見ると色と色の境目がぼやけてしまう。どれも同じような明るさの色を使っているためだ。

「明るい色の横に同じように明るい色を置くと、メリハリがなくなってしまいますね。メリハリをつけるには、隣り合った色の明度をどうするの？」

「低くする」

「そうだね！　色の対比を考えてね」

明るい色どうし、暗い色どうしではなく、暗い色の隣には明るい色、明るい色の隣には暗い色を持ってこよう、ということだ。このように太田は、絵を描くときに色に関する理論をいつでも意識させる。呪文《じゅもん》のように繰り返されていた「葉っぱはみどりじゃない、水は水色じゃないんだよ」というフレーズは、頭でわかった色の理論が実際の筆づかいに反映されるまでの「頭と手のギャップ」を埋める手助けをしているのだ。

一年生のうちは、絵の具のみどりをそのままべったり葉っぱに塗り込めたような固定観念に忠実な色づかいをしている生徒のほうが、まだまだ多い。

しかし三年生になると、クラスの大半が複雑なトーンを使いこなし、驚くほど鮮やかな色づかいをした絵が多数派になってくる。固定観念から解放された自由な視覚を手に入れ、色づかいの基本を理解している証拠だ。

「『塗る』という言葉は向こうの方に捨てて下さい」と、太田は語りかける。

「塗る」という言葉には、壁にペンキを塗る、といった太い筆で広い面積を、均一な色で埋め尽くすイメージがある。そうした描き方では、自分の考えや心を、絵に託しきれるわけがない。

「塗る」という言葉を「色をおく」「描き込む」に言い換えると、どんな筆を持って、どんな色を選ぶのか、画用紙に向かう子どもの気持ちにまで変化が起きる。

一年生は太筆を使って単色で「塗る」子が多いが、三年生になるとほとんど全員がメインに細筆を使うようになる。広い場所に色をおくときも、太い筆で一気に描く生徒はあまりいない。遠くからだと青に見えても、複数のトーンで、細かく描き分けられている。自分だけの青を創造し、描きわけるには、太筆ではなく細筆が必要なのだ。

考える力、見る目を養うために、太田は言葉を何度も何度も繰り返し子どもにそそぎ込んでいく。ちょうど植物に水をやるように。

言葉は思考の核となる。「塗る」という言葉を「向こうの方に捨てた」結果は、やがて人目をひく鮮やかな色づかい、丹念な描き込みとなって実を結ぶ。

「画用紙すべてが色でうめつくされてからが肝心」と太田は言う。

細かい影や光、微妙なトーンなど、さらに色を重ねていくのだ。細い筆にパレットから絵の具をとり、ほんの少しずつ、気が遠くなるほど描いて描いて、描きこむ。

「明度の高い色、彩度の高い色からやっていってね」

薄い色、明るい色から画用紙においていくと失敗が少ないということだ。

「色を混ぜすぎないでね。あんまり混ぜると、ウンコになっちゃうよ」

ウンコと言われて子どもは笑う。しかし、ふと「どうしてウンコはあんな色なのだろう」と考える。すべての食べ物の色が混ざって混ざって、その結果あの色になるのだ。だから混ぜすぎてはいけないということに気づく。

「濃い色は薄い色のあとから」と言われていたのに、真っ黒い色を最初においてしまう生徒もいる。だからといって、叱《しか》られるということはない。

「説明を聞いて、それでも、そう決めたのならいいのよ」

太田は小学校で教えていたときに、色彩に入ってからガミガミ叱ると、子どもの使う色が必ず暗くなることに気がついた。

「それからは、叱らなきゃいけないことは色に入る前に終わらせるようにしているの」

子どもたちは筆を動かすだけではなく、実にいろいろな工夫をおこなっていた。新聞紙や写真など、いろいろな紙を貼《は》りつける方法はコラージュという。水に絵の具を流したところに画用紙をのせて、水面の大理石模様を写しとるのはマーブリングだ。このマーブリングした紙を切りぬいて画用紙に張ってみる。

クレヨンで描いてその上に絵の具を塗るとはじかれる。これはバチックという技法だ。霧のような感じを出すためには、絵の具をブラシにつけて金網でゴシゴシこする。スパッタリングという。プラスチック容器にタマゴのカラを入れて持参し、それに着色して張りつける。絵の具で描いたあと、仕上げに百円ショップで買ったという化粧品のラメ入りアイシャドウをふりかける。こうした手法が、教室のあちこちで思い思いにおこなわれていた。

太田は生徒たちを見守りながら、静かに語った。

「自分の表現をするために、特別な材料やテクニックはいらないの。何かを貼るとか、クレヨンで描くなんて、幼稚園の段階で経験していることでしょ。今の美術教育は、小学校一、二年でクレヨンを使ったら、三年生以上は絵の具だけを使うという教え方になってしまっているけれど、私はもう一度すべてを思い出させたいと思っているの」

## 独創性が花開くとき

生徒のひとり、直也《なおや》が作った「地球の温暖化を解決するプラン」は、「工場の排煙に含まれる二酸化炭素を取り出して、集まった二酸化炭素を消火剤などの原料に利用する」というものだ。

環境問題のひとつに、地球の温暖化がある。そのメカニズムは、次のようになる。太陽からは光とともに熱エネルギーが降り注いでいる。地球は、地表でそれを吸収し、余分な熱エネルギーは赤外線という形で大気中に放出する。必要な熱エネルギーは、大気中の二酸化炭素やメタンガスなどの気体が吸収して宇宙へ逃げるのを防ぐ。だから地球の温度はちょうどいい範囲で一定に保たれている。けれど、大気汚染が進み二酸化炭素やメタンガスが増えすぎると、今まで宇宙へ逃げていた熱が地球にこもってしまう。そして気温が上がってしまうのだ。ここまで調べて、直也はスケッチブックに次のように感想を書いた。

「僕はこの温暖化のしくみを知ったとき、今も増え続けている二酸化炭素やメタンガスによる大気汚染の影響は、本当に深刻なのだと実感しました」

このまま温暖化が進むと、地球はどうなってしまうのか。

北極や南極の氷が溶けだし、海面が上昇する。

太平洋上の島の多くが消えてしまう。

大気が不安定な状態になり台風が多発する。

穀倉地帯での作物の収穫量が激減して、地球規模の深刻な食糧危機になり、飢えで多くの人が死ぬ。

こうした問題がつぎつぎに出てくる。自然のバランスは、地球が誕生してから今日まで気が遠くなるほど長い年月を経て培《つちか》われてきた。それがいま、つい最近になって現れた人間の手によって危険な状態にさらされている。どれも直也にとっては、初めて知ったことばかりだった。

この状態をなんとかしたい——。深刻な事実を「心」で受け止めて、はじめて「工場の排煙に含まれる二酸化炭素を集め、消火剤などの原料に利用する」というドリームプランが浮かんできたのだった。

作品ができあがったときも、太田は必ず「感想」を書かせる。制作しながらどんな疑問が出てきて、その答えをどうやって探し、何がわかったのか。自分の思考の道筋をもう一度きちんと整理して、ふり返らせるためだ。

直也は感想にこう書いた。

「もし近い将来にこんなドリームプランが実現し、地球温暖化や大気汚染に関するさまざまな問題が少しずつでも人間の手によって減っていくことができたらいいなあと思いました。また、それまで自分でも何か少しでも役にたてることをしていきたいと思いました」

太田は「大切なのは、本気で自分の考えがあるかどうか。結局、どんなにテクニックを教えたって、自分の表現したいものがはっきりしていなかったら絶対に表現なんてできないのよ」と断言する。

心の中に、核となる「自分の考え」が生まれたとき、伝えたい、表現したいというエネルギーは本物になる。結果として、「工場の排煙に含まれる二酸化炭素を消火剤にする」といった奇想天外なアイデアや、画用紙に卵のカラや新聞紙を貼ったり、化粧品のラメを振りかけたりする手法が飛び出す。

それはまぎれもなく、子どもの中に眠っていた独創性が花開きはじめた証拠であった。

# 第八章　認められる喜びを実感させる

## スターになれる発表会

作品ができて、感想まで書き上がった。今度は、作品を発表する番だ。

ひとりひとりが黒板の前に出て、作品をみんなに見せながら、どんなことを考えながら制作したのか話す。太田は「今日はみんながスターになれる日です」という。発表者こそが「主役」なのだ。

みんなの前に出て発表をするというのは、子どもにとって大事件である。数学の時間に指名されて計算問題を解くのとは、まったく意味が違う。

何ヶ月もかかって、悩み、調べ、考えた結果を、クラスのみんなに聞いてもらうのだ。それは自分はどんな人間なのか、内面を人にさらすということでもある。緊張しながら真剣に語る友だちを前にすると、それを聞いている子どもたちも、顔がひきしまってくる。

声がうわずる子、早口でまくしたてて、あっという間に発表を終えてしまう子、途中、ことばに詰まって立ち往生する子、絵を持つ手がガクガク震える子。心臓の音がこちらまで聞こえてきそうだ。

発表のときには、緊張してドキドキする。しかし、発表することがイヤなわけではない。みんなに自分の考えを説明し、拍手をしてもらいたい気持ちは、必ず持っているのだ。

マイペースに作業を進めるあまり、他のみんなが描き終えても、まだまだじっくり描き続ける子が出てくる。発表の時間になっても、絵は未完成のまま。そこで太田がそっと「どうする？　発表する？」と声をかけると、必ずどの子も「発表する」と答え、まだ色のおかれていない空白部分がある未完成な絵を持って、自分が何をテーマにしているのか、一生懸命に話すのだ。

発表を終えてみんなから拍手をもらい、自分の席に戻ってくると、ちょっと興奮が残っている。そしてふつふつと湧《わ》いてくるのが、無事に終えたというホッとした気持ち。

（終わったぁ……）

自分が課題をやりとげ、それがみんなに認められたことが実感できると、すがすがしい笑みがこぼれる。

中学二年生の男子は、作文にこう書いている。

「僕は、美術の授業を、今まで発表があるからいやだなぁと思っていた。だけど、発表をしているときは確かに恥ずかしいけど、発表が終わるとたいしたことはない。それは、失敗したりしても、何も言われないからだった。もし、失敗してみんなに何か言われたりしたら、もうやりたくない、というふうになってしまう。だけど、失敗しても何も言われなければ、だんだん自信がついてくる。自信がつけば少しくらい失敗してもだいじょうぶだと思える。そういう、失敗しても何も言わないみんながいるから、自信がつくのだと思う」

ひとつの学習が終わるごとに発表を行うから、一年に三回程度はみんなの前に立つチャンスがめぐってくる。二年生、三年生になると、生徒たちは発表することにも慣れていく。

「感想」としてあらかじめ文章を書いておいて、発表のときにはそれを読みあげることになってはいるものの、文章を書いていないまま発表を迎えてしまう子もいる。そんな状態で、ほんとうに大丈夫なのだろうか。

ところが、「ぼくが選んだテーマは……」「調べて思ったことは……」と、何の原稿も見ずに、子どもは話し始める。あわてたりあせったりすることもなく、理路整然とした口調だ。

太田は「みんな、心のなかに発表することはちゃんと書いてあるのよ」と、ニッコリする。調査研究をスケッチブックに一字一字書き込み、苦労しながら作品を仕上げていれば、発表する内容などスラスラ口をついて出てくるのだと言う。

めったに登校せず、たまに授業に出てくるという生徒もいる。その子には、他のみんなのように発表できるものがない。太田はそんなとき、こう提案する。

「みんなの発表を聞いて、どう思ったか、ひとこと感想をお願いしたいわ」

教室じゅうの視線が、ひさびさに授業に出てきた男子生徒に集まった。彼はさっと立ち上がって、落ち着いた口調で話した。

「みんなのやった研究は、とてもよく調べてあったと思います。すごいと思いました」

クラスのみんなが教室から出ていくとき、太田が彼に「意見を言ってくれて、ありがとうね」と声をかけ、握手しようと手を差し出したところ、嫌な表情もせず、無視しようともしなかった。彼は他の生徒と同じように太田と握手をして、教室をあとにしていった。

太田が発表の場をとても大切にしているのは、人間は誰もが心の底で、自分が輝きたい、人から認められたい、人をアッと言わせたいと思っていることをよく知っているからだ。そして認められれば、もっともっと力が出る。それは大人でも子どもでも同じなのである。

## 全力を出したときプライドが生まれる

「何もやっていないのに『君たちはいい子だ』なんて言っても、子どもは納得しないの」と太田は力説する。

「そんなのは嬉《うれ》しくもなんともない。全力を尽くしたものが認められるから『やった！』と思うのよ。自信を持つには、自分が輝いていること、がんばったことが実感できる『何か』を形にすることが必要なの。『何か』を形にするまでには、涙と汗があるのよ。自分の目でものを見て、考え、粘り強く形にしていく。失敗もしながら、迷いながら、自分だけを頼りに、手探りで進んでいくの。その結果として到達したところを認めるのが、認めるということよ。全力を出させる指導をしていなかったら、認めることも輝かせることもできないの。人の目に見えるもの……論文とか、絵になっていれば、全力を出したっていうことが、見た人にわかるでしょう？　子どもが輝けるものを作ってやればいい。それを認められるから本当に満足するの」

苦しみを乗り越えて、自分で考え完成させた作品をクラスのみんなと先生に認められると、「自分だってやればできる」という手ごたえを感じる。

二年生の男子生徒は、こんな文章を書いた。

「美術の授業を受けてきて知ったことがあります。それは『完成・達成したときの喜び』です。小学校の頃の完成は、人や先生に言われたままに作っていたので、できて当たり前だと思っていました。でも中学校の美術は違います。先生から与えられるのはテーマだけ。あとは自分の思う通りに考え、心に問いかけて、やっと完成するというものでした。このやり方で、僕は初めて『完成したときの喜び』を知りました」

人に言われたままに作るのではなく、自分の意志で作り上げる。そこで得られる誇らしい気持ちが、本物のプライドなのだ。

今の中学校では、先生の話を聞くことすら真剣にできない生徒が多くを占めているといっても大げさではない。その状況で、全員が自分から何かを調べるなど、とても簡単にはできない。それなのに、いったいなぜ、太田の授業ではみんながみんな調査研究にとりくむのだろうか。

その一番大きな理由は、太田が中学生の持つ欲求をよく理解しているからだろう。太田は「中学生って、思春期で、生意気ざかりなのね。とにかく自分で自由に好きなことをしたいっていう気持ちがものすごく強いのよ。私はそこに配慮してるの」と種明かしをする。

自由にやりたくても、子どもたちにはチャンスがなかなかない。太田はここを理解して、自由に行動できる場面を授業で作っているのだ。

太田は小学校から中学校に異動したとき、さまざまな違和感を感じたという。「小学校では六年生っていったら最高学年で、全校をリードしていて、お兄さんお姉さん扱いされてるのよ。それが中学校にきたら、三年生にくらべたら小さいっていうことだけで、いきなり子ども扱い。かわいい、なんていう先生までいる。

中学一年生は、もう大人としてふるまいたい年齢なのよ。子ども扱いにはうんざりしているはずなの」

からだが急激に発達して、まわりの大人に近づいていく。でも、その成長を無視するかのように、何をするにも細かく指図される。大人として扱われたい、という気持ちばかりが、どんどんふくらんでいく。

だからこそ、太田は中学生を自分の子どものようにかわいがりながらも、一方では自覚を求め、丁寧に接し、大人として扱っていくのだ。そして、生徒にも大人としての処遇にふさわしい行動をさせる。生徒は、太田が「ひとりの人間」として自分を認める姿勢で接するから、言うことを聞くのである。

他人に勝ったという優越感ではなく、自分が全力を尽くした結果として完成した作品が認められる喜びは、子どもの「自尊心」を「プライド」に進化させる。

注目したいのは、「自尊心」は他者から丁寧に扱われることで生まれやすいが、「プライド」は、子ども自身が何かをやりとげたことによってしか生まれないことだ。

太田は、調査研究が終わったときと、絵を描き終えたとき、必ずクラス全員の前でひとりひとりに発表させる。そして聞いていた友だちからいっせいに「スゴイ」という拍手をもらったときの「やりとげた」「認められた」という誇らしい思いを、子どもの中に作ってやりたいと願い続けているのだ。

「あの子たちは友だちに認められたいっていう欲求がものすごく強いの。みんなと一緒でいたい、みんなの役に立ちたい、そして自分が認められたいっていう気持ちね」

と洞察している。

ひとりの人間として認められたいという中学生の願いを、太田はそのまま学習の原動力にしているのだ。生徒たちが余計なおしゃべりもせずに黙って調査研究をしたり、作品づくりに没頭していくのは、無意識のうちに「太田先生の言うことに耳を貸せば、みんなに認められるような何かが自分にもできるかもしれない」と感じ取っているからでもある。

## 絵を飾ってもらう誇らしさ

みんなに自分を認めてもらうチャンスは、発表の時間に限らない。太田は美術室や廊下に、徹底的に生徒の絵を貼《は》りまくる。できるだけ多くの生徒の絵を展示するために、美術室のまわりだけでなく、校内の至る所に絵が飾られている。

校外の展覧会への出品も、長い間熱心にやってきた。読書感想画中央コンクール、神奈川ビエンナーレ、相模原市の野間公民館展、相模原市の「風っ子展」、全国教育美術展、この五つの展覧会には毎年のように出品してきた。それも、出来の良さそうな作品を二、三枚見つくろうのではなく、出せる作品はあるだけ全部出してしまうから、応募は百枚単位だ。

いよいよ展覧会に出品する締め切りの日の朝、絵の具で濡《ぬ》れた画用紙を持って続々と生徒が美術室にやってくる。誰も「朝までかかって完成させたんだ」とは言わないが、湿り気を含んだ画用紙が、その作品が徹夜で仕上げられたことを何より雄弁に物語っている。

ある美術教育関係者は、展覧会をめぐる事情について次のように語る。

「子どもにとって、自分の絵を掲示してもらったり、展覧会に出してもらうことは、認められているという実感が湧いて、ものすごくうれしいことなんです。だけど、展覧会に絵を出すには、名札もつけなくちゃいけないし、名簿も作って出さなくちゃいけないし、ものによっては寸評を添える必要もあります。十枚ぐらいだったらともかく、五つの展覧会全部に出したら数百枚にはなりますからね。しかも、読書感想画以外の四つの展覧会が、すべて九月、十月に集中しているんです。それに絵を出そうと思ったら、美術の先生が全部準備をしなくちゃいけないので、膨大な仕事量ですよ。でも、そうした事務手続き以上に大変なのが、展覧会の締め切りまでに、子どもに絵を仕上げさせることなんです。ところが太田先生の学校の子どもは徹夜をしてでも仕上げてくる。そういうふうに『徹夜をしてでも仕上げよう』と子どもに思わせてしまうのが、なかなかできないんですよ」

麻溝台中の生徒たちは、自分の絵を掲示してもらうこと、すなわち自分が認められる喜びを知っているから、何としてでも締め切りに間に合わせる。

中学生は、何かをやりとげて認められたというプライドを獲得することで、大人を驚嘆させるほどの大きな壁さえも乗りこえるのだ。

しかし、あるときから太田は生徒の絵を展覧会に出品することをやめた。出品すれば、自分の生徒は必ず賞をとることが充分わかったからだ。

展覧会は確かに子どもにとって励みにはなるが、全員が入賞できて、絵を展示してもらえるわけではない。それならば、校内のあちこちに生徒全員の絵を掲示したほうがいい。「もう、学校の外で競わせるのはやめよう」と太田は思った。

誰の絵が良いか競わなくても、みんなの絵がそれぞれ素晴らしいのだ。それは太田だけでなく、太田の教育を受けて正しいプライドを獲得した子どもたちにとっても、ごくごく普通の感覚なのだった。

# 第九章　他人を学び、自分に活《い》かす

## 歴史上の人物の苦難

その日、美術室の黒板には、大きな短冊《たんざく》のような紙が五枚貼《は》られていた。

「決断一　私は誰を描くのか」

「決断二　その人の生涯　その人の生き方・考え方」

「決断三　感動したことを文で表す」

「決断四　感想文をもとに　どんなドラマを造形するのか　その人の精神・考え方を描ききる」

そして最後の一枚には、ひときわ力強い字で、こう書かれていた。

「◎　私自身の生活・進路・生き方に　その人の生涯をどう生かすのか」

これは、太田の美術で二年生になると取り組む「ヒューマンドリームビジョン」についての四つの学習ステップを表したものである。自分の夢、自分の生き方、自分の信念を生徒自身が構築するために、歴史上の人物を調べて描く学習をするのだ。

これまでの美術の授業で、生徒たちは雑草からスタートする「ネイチャードリームビジョン」で大自然に思いを寄せ、「ワールドドリームビジョン」の学習を通して、生命体である人間を生み出した地球が、いま、その人間のせいで瀕死《ひんし》の状態であることを知った。

まっすぐに見つめてくる生徒たちに向かって、太田は熱心に語る。

「人間は地球にとって迷惑な存在だとしたら、いなくなったほうがいいのではないでしょうか。でも、そんなことはできませんね。中には絶滅しそうになった動物を繁殖させたり、環境にやさしい車やエネルギーを作ったり、砂漠を緑化するなど、地球のために貢献している人間だって、たくさんいるんです。じゃあ、自分はどうするのか。存在するだけでも地球を汚していく人間、そのような人間として生きていくことで、本当にいいのか。私たちも、人間として地球のために何かできることはないのか」

一年生で自分をとりまく地球や環境について考えたことを土台にして、二年生・三年生の美術では、これから自分がどうやって生きていくのかを考えていく。

二年生の「ヒューマンドリームビジョン」では、歴史を創《つく》った先人の苦難の生涯に学ぶ。彼らは、ひとびとや地球に貢献しようと夢を描き、それを実現しようとして想像を絶する苦難を乗り越えてきた。

太田は、こうした先人が何を考え、どんなことをしたのかを調べ、それに共感する自分の心を絵に描かせる。自分の気持ちを表す色や形を大自然から学んだように、自分の未来の生き方を歴史上の人物から学んでいこうという学習である。

歴史上の人物といっても、調べるのは単なる有名人だとか、教科書に名前が載っている人ではなく、あくまでも「地球に貢献した人」に焦点を当てる。戦争、差別、搾《さく》取《しゅ》、犯罪などの加害者については、当然ながら対象外だ。

受験戦争というまわりの環境に染まって「自分さえよければ他人はどうでもいい」という考え方をしていては、子どもの心にせっかく芽生えたプライドが、単なる「優越感」になってしまう。

そこで、地球に貢献した人物が、どのような生き方・考え方をしていたのかを生徒自身に調べさせ、プライドを正しい方向に伸ばそうというのが、太田の狙《ねら》いなのだ。

地球に貢献した人物のひとりに、マザー・テレサがいる。

その日の美術室。黒板には、何枚かの作品が並んでいた。それぞれ別の絵だが、同じタイトルがつけられていた。最初の絵は、明るく華やかなものだった。赤やピンク、黄色の花が咲き乱れる背景、その中央に老女の写った鏡が描かれている。

「これは誰ですか？」という太田の問いかけに、生徒たちは「マザー・テレサ」と元気に答えた。

その隣の絵は、まったく対照的なもので、暗く悲痛なムードが漂っていた。白い布を顔のまわりに巻き、顔は黒く塗りつぶされたマザー・テレサと祈る修道女たちを描き、その周囲には茶色く焼け焦《こ》げた紙が貼られている。

「これは誰ですか？」という太田の問いに、生徒たちはさっきと同じように元気に「マザー・テレサ」と声を揃《そろ》えた。

どちらもタイトルは「マザー・テレサ」なのだが、描かれたマザー・テレサの顔も位置も、絵の色合いや明暗まで、すべてが対照的な画面だ。

「同じマザー・テレサでも、こんなに違います。みんなそれぞれにすばらしい心を持っている。人の心って、すごいですね」

そして太田は、暗いほうのマザー・テレサの絵を描いた生徒のスケッチブックをみんなに見せた。

「この人は、幼い頃、飢餓に苦しむ人たちの姿をテレビで見て、心を動かされたって書いています」

スケッチブックには、マザー・テレサの歩んだ道について調べたこと、それを知って感動したことなどが、何十ページにもわたって細かい字で書き込まれていた。

絵を見せながら、太田は作者の生徒が何を考えて描いたのかを説明していく。

「十字架と野の花に寄り添われた、貧しい病の人がいますね。川は、この人の人生の道を表していて、その苦しみを思いやるマザー・テレサの心は、焼け焦げた紙で表されているのね」

茶色く焼け焦げた紙は、絵の作者がわざわざ紙を火であぶって作ったものだ。

「スケッチブックには『慈《いつく》しみによって苦しみを越え、いつか希望の光にたどりつくというイメージを描きました』と書いてあります。そしてこの人は、絵を描き終えて、将来看護婦になろうって決めたんだそうです。『幼い頃、飢餓に苦しむ人たちの姿をテレビで見て、心を動かされた。高校・大学と進むうちに、いまよりマザー・テレサの思いがわかるようになると思うので、それを信じて、この夢を実現したいという思いを立派にしていきたい』とあります」

美術室や廊下の壁には、額におさめられた生徒の絵が、数十枚にわたって並んでおり、絵のテーマには歴史上の人物が数多く選ばれている。

哲学家・宗教家のシュヴァイツァー。俳優・映画監督のチャップリン。

物理学者のキュリー夫人。進化論をとなえたダーウィン。コロンブス。

細菌学者のパスツール、北里柴三郎《しばさぶろう》。発明家のベル、エジソン。

作曲家のショパン、ベートーヴェン、シューベルト。

宮沢賢治、大隈《おおくま》重信、坂本龍馬《りょうま》。

死にゆく人々を助け続けたマザー・テレサ。ユダヤ人の命を救ったシンドラー。

アンネ・フランク、ビートルズのジョン・レノン、ミッキー・マウスを生みだしたウォルト・ディズニー。

ここに名前を挙げた人物について、それぞれが全力で調べ、自分の考えたことのすべてを絵の中にぶつけた。美術室にいると、それらの絵から「思い」が電波になって発信されているかのようだった。

太田は、生徒たちの目をじっと見て語り続ける。

「黒人への人種差別に反対したキング牧師は、高い理想をかかげ、正義を主張したために人一倍苦しい思いをして、最後には暗殺されてしまいましたね。

ナイチンゲールも四十代半ばで過労で倒れ、その後はずっと寝たきりに近い人生を送ったりしているし、高い理想を掲げた人たちの生涯は、苦難の連続でした。

このように、歴史上の人物には、生涯をかけて一生懸命地球のために貢献した人がいます。みなさんは『あ、この人はすばらしい！』と思う人について調べてね。そして、その人に対して感動したことを、絵に表現していくのよ」

太田の美術の最終目標は、作品づくりを通して「自分がどんな人間になりたいか」という「生き方」を探すことにある。歴史上の人物からは、自分の生き方を考えるためのイメージやヒントをもらう。そして最後に、自分自身が将来どうやって生きていくかを考えて作品をつくる「パーソナルドリームビジョン」という学習をするのだ。

## たまたま持っていたゴッホの本

「ヒューマンドリームビジョン」の学習をはじめて、ゴッホをテーマに選んだひとりの少女がいる。彼女の名前は雪乃《ゆきの》といった。

環境問題のときはいきなり五分でテーマを決めなければならなかったが、「ヒューマンドリームビジョン」については、実際に調べる何週間か前から先生が内容を説明してくれていて、誰について調べるのか、前々から考えておくように言われていた。しかし、いよいよテーマを決めなければならない日になっても、雪乃は誰について調べるか決まらなくて、図書室で資料を探していた。

(画家について取り組もうかな)

誰にしようかと迷いながら、たまたま一冊の画集を手に取ったとき、図書室に太田が入ってきて「はじめるわよ」と言った。それがちょうどゴッホの本だったのだ。雪乃は「お母さんもゴッホが好きだし、これにしよう」と気軽に決めてしまった。別にゴッホのことを尊敬していたわけではなく、深い理由はなかった。

気軽に選んだところまではよかったが、そのときの雪乃にはゴッホといっても単に「偉い人」という認識しかなかったので、太田の話に従って彼のことを調べて、はたして尊敬する気持ちが持てるのかどうか、少し心配だった。

雪乃はまずゴッホの生涯について、そしてどんな絵を描いたのか調べるために画集を見ていった。ゴッホの描いた沢山の絵の中で雪乃が特に心ひかれたのは、何種類ものひまわりの絵だった。

さらに雪乃はゴッホの生涯を年表にまとめたページを画集から探し、それを全部スケッチブックに書き写していった。

調べる前には、ゴッホといえば自分の耳を切ってしまったり、弟のテオや友人のゴーギャンに迷惑をかけたりするエピソードの印象が強く、「自分勝手で他人に迷惑をかける暗い人」だと思っていた。

しかし、ゴッホの絵を何度も見て、彼の生涯についてスケッチブックに文章を書いているうちに、雪乃の中にあったゴッホの人物像がだんだん変わっていった。

年表を見ていると「下宿先のロワイエ家の娘に恋をするが、翌年に失恋」「三十五歳の未亡人ケーに恋し、求愛するが拒絶される」など、失恋も多い。辛《つら》いことばかりの人生を通じて、ゴッホは絵を描き続けたのだ。いったい、どんな気持ちでキャンバスに向かっていたのだろうか。雪乃はどんどん彼のことが知りたくなった。

ゴッホのことを調査研究したのちに、雪乃が描くことにしたのは、ある「部屋」だった。

板張りの床にベッドが置かれ、横に長い窓のある部屋。そこに大輪のひまわりの花が置かれている。椅子《いす》に腰掛けた少女は、ひまわりの花束を持って窓の外を眺めている。窓の外には山が見える。

部屋の中から山を見る少女。それは、画家になりたいという雪乃自身の憧《あこが》れと、それに届いていない現実を表している。

鮮やかな色を使っているのにどこか暗い印象の色づかい。ひまわりや、板張りの床をメインにもってきた構図、部屋に置かれたベッドなど、あちこちにゴッホの作品に出てくるモチーフが取り入れられている。

## 明るい色彩に込められた悲しみ

その日も、雪乃のクラスは、尊敬する人物をテーマに作品を描いていた。

机をまわりながら、太田が作品を見てはアドバイスしていく。雪乃の机のそばを通ったとき、彼女がひまわりの茎の部分を絵の具で描いていたのを見て、太田は静かにこう言った。

「本当にこの色でいいの。ゴッホの気持ちをこの色で表しきれていると思う?」

彼女は戸惑った。

（色に口出しするなんて……。いつも太田先生は、自由になりなさい、色に心を託すのよって言っているのに……）

太田はその絵を見た瞬間に追求しきっていない弱さを感じとった。そして雪乃ならもっとゴッホの心に迫る色づかいができるはずだと判断したのだ。

少女はとりあえず筆を置いて考えはじめた。どうして違うの？　どうしたらいいのだろう。考えているうちに時間はどんどん過ぎ、チャイムが鳴って、授業は終わってしまった。

家に帰って、また考える。太田の言葉が頭の中で揺れていた。

『ゴッホの気持ちをこの色で表しきれていると思う？』

太田は、雪乃が「これでいいや」と妥協していたことを、茎の安易な色づかいを見た瞬間に見抜いていた。前年度に雪乃が描いた絵に比べ、使っている色数が圧倒的に少なかったのだ。雪乃なら、もっともっと自分の色を追求できるはずだ。太田は、生徒が全力を出しているかどうか、どんなときも見逃さず、全力でやることを要求する。

ずっと考えているうちに、太田が「ゴッホの気持ちをこの色で表しきれていると思う？」と言ったのは、雪乃がゴッホの絵をあまり観察しないで、自分の中のゴッホのイメージで勝手に描いていたのを見抜いたからだとわかってきた。

あのとき、ひまわりの茎を描くために、何度も絵の具を混ぜてみた。でも、どんな色で描けばいいのか「これだ」という色が出せなかったのだ。雪乃はだんだん面倒になってきて、黄緑の絵の具をパレットに出し、それに少しだけ他の色を混ぜて「この色でいいや」とあきらめてしまった。それは自分が悩んだ末に作り上げて、本当に「これだ」と確信した色ではなかったのだ。

太田に言われたひと言は、ずっと心にひっかかっていた。

どうしようかと考え続けたとき、ふと心に浮かんだのが、調査研究で見たゴッホの画集だった。もう一回ゴッホの絵を見てみよう、と雪乃は思った。

画集のページをめくりながら、雪乃は「荒れ模様の空にカラスの群れ飛ぶ麦畑」という絵を見つけた。

（黄色、緑……、ゴッホは明るい色ばかり使っている。なのに、どうしてできあがった絵は暗くて薄気味悪いんだろう）

雪乃は、ゴッホの生涯の年表をもう一度見直した。

（一八九〇年。これは、ゴッホが自殺した年に描いた絵だ。それまでとは全然違う。色がずっと悲しくなっている。明るい色でも、画面は暗い感じがする。これはゴッホ

なんと言われようと負けずにがんばった、そんな人物なのかもしれない）

雪乃は少しずつ、ゴッホのことが好きになっていった。

（もしかして、ゴッホは最後の最後まで自分の正しいと思うことをやって、まわりに

雪乃は年表を見ながら、改めてゴッホの生涯のイメージを追っていた。

の気持ちなんだ）

雪乃が茎の色のことで悩みはじめてから、一週間がたった。また美術の時間がやってきた。この一週間、なんだかやる気が出ず、作業が思うように進んでいない。

（なんか描くの疲れちゃった。全然終わらないし……）

みんな、自分で選んだ人物をテーマに取り組んでいた。雪乃と同じように疲れているはずなのに、誰も不満げな表情をしていない。黙々と筆を動かし、細かい部分を丹念に描き込む。誰も「もうやだ」「かったるい」といったグチなどこぼさずに、自分の作業に没頭していた。

みんなの姿を見ているうちに、雪乃は、自分だけギブアップしそうになっていたことに気づいて、恥ずかしくなってきた。

（私はものごとをいいかげんに終わらせるのは嫌いだ。でも、私は自分の嫌いな人間

になろうとしていたのかもしれない）

ちゃんと調べていなかったから、「これだ」という色が出せなかったのだ。それは自分のせいなのに、誰かのせいのように考えていた。逃げていたのだ。

（苦しいかもしれない。でも、みんなのように私もがんばってみようかな）

雪乃は、もう一度気分も新たに画用紙の前に座っていた。

（ひまわりの茎ってどういう色なのかな……）

ゴッホの絵は、どんな色を使っていたのか。本物のひまわりの茎はどんな色をしているだろう。それがわかっていなかったのだ。

ゴッホの絵だけではなく、図鑑のひまわりも見くらべて、茎の色のイメージを作り上げることにした。ゴッホと同じ色ではなく、ゴッホの色を理解した上で、自分の色を出したかった。どの色とどの色を混ぜたら良さそうだとか、そんな理屈はいっさい抜きにして、「こんな感じの色」というイメージだけを、雪乃はひたすら追い続けた。

頭の中に作り上げた「茎の色」のイメージを頼りに、雪乃はパレットに向かい、絵の具を手に取った。

まず、緑をたっぷりと出して、そこに黄色や白を混ぜてみる。いつも「自分だけの黒を作りなさい」と太田が言っているのを思い出して、絵の具のチューブから「黒」

を出すのではなく、自分でいろいろな色を混ぜた黒を作った。この「自分の黒」も、緑をベースにした色に混ぜていく。

(少し薄いかな)

(もっと明るいかも)

頭の中の色のイメージに近づけるように、黒や白、黄色などの割合を調節しながら、雪乃は丹念に色を作っていった。

## ゴッホの色、自分の色

一枚の絵を描くためには、たいへんな数の色が必要になる。壁の色、フローリングの床の色は特に苦労した。ベッドの木や、枕《まくら》の布地といった質感を、どんな色で表すか。ゴッホが描いた部屋を見ながら、じっくりとイメージを練った。

ひとつの色を作るにあたって、毎回悩みながら納得できる色を探していくうちに、何度も見たゴッホの絵がだんだん違って見えるようになった。

雪乃は再び画集を開き、ひまわりの絵を見てみた。

ゴッホの人生は、悲しいことや苦労の連続だった。そんなことは、絵を描く前からわかっていたことだ。しかし描き進めるうちに、だんだんゴッホの悲しい気持ちが絵から伝わってくるようになった。たくさんの恋愛をして、失恋したこと。弟のテオ以外に、絵を認めてくれる人が全然いなかったこと。精神病院に入っていたこと。ゴーギャンと決別したこと。そして弟やまわりの人に迷惑をかけていると思いこみ、みんなのためには自分が死ぬしかないと、絶望して自殺したこと。

ゴッホが死ぬ年に描いた絵だけ、色合いが全然違うことには気がついていたが、以前はそれに対して、あまりピンときていなかった。しかし今は、悲しいできごとがあって、それに対してゴッホがどんな気持ちになったのかを、リアルに想像できるようになってきた。

(この絵を描いたとき、ゴッホは悲しかったんだなあ……)絵を見ていくうちに、悲しみや絶望といったゴッホの気持ちが、彼の作った色に乗って自分の心の中に流れ込んでくるようだった。ゴッホの心境が想像できるようになると、それは、雪乃がこれまでに経験してきたものを、はるかに超えていることもわかってきた。

(ゴッホは生きているあいだに、苦しいことや悲しいことがいっぱいあったんだ。どれも私が十三年間生きてきた中で経験したことのないものばかり。私の知っている悲

しみは、ゴッホの苦しみや悲しみにはとても届かないんだ）

雪乃は、ゴッホと自分の違いを、心で感じ取っていた。黄色や緑などの明るい色を使っているのに、どこか暗くて、不思議な感じ。この特徴を自分も色で表現したいと思っていた。でも、ゴッホと同じ色は決して出せない。なぜなら、自分はゴッホではないのだから。そして、自分が生きてきた十三年間の悲しみや苦しみは、ゴッホの悲しみや苦しみにはとても届かないのだから。

でも、「自分なんか絵を描いてもしょうがない」とは思わなかった。ゴッホに負けない絵を描くには、自分だけの方法で絵を完成させて、ゴッホのように自分の考えを絵で表せばいい。

私にしか描けないものがある。絵で自分の考えを表してみよう。私は私の描き方で、絵を完成させようと、雪乃は決心した。

休みの日、雪乃は朝起きて、ご飯を食べたらすぐに自分の部屋で絵を描き始めた。お母さんが「お昼ご飯よ」と声をかけてくれたとき、それとトイレに行くときだけ部屋から出る。あとは夕飯までずっと描き通しだった。

疲れなど感じなかった。どうやって自分の気持ちを色に表そうか？　色を作って試して、ああでもない、こうでもないとやり直しながら、「これだ！」という色を見つける。その色を使ってひたすら描いていく。もう、楽しくて楽しくてしょうがなかった。

夕飯を食べお風呂《ふろ》に入り、また机に向かう。雪乃は深夜まで描き続けた。

翌週の休日も、雪乃は描いて描いて、描き続けた。いったん描いた部分でも、上から影の部分を描き足したり、光の部分に明るい色を足したり、いくらでも手を加えるところがあった。作品ができあがっていくうちに、雪乃は自分の経験した「苦労」の意味がだんだんわかってきた。自分の気がすむまでやるのは、楽しいことなのだ。大変なことほど、やりとげたときの充実感は大きいのだ。

いくらやっても描き終わるような気はしなかったが、「これ以上やると、かえって悪くなっちゃうかも……」というところまでたどり着いた。完成したとは思えないもののの、区切りとして先生に出しに行った。

## 私にしかできないこと

絵を描き終えた感想として、雪乃は作文にこう書いた。

「ゴッホの生き方は、自分の気持ちを大切にして、自分のやりたいことを死ぬまでやってすごい人だと思いました。私もそんなふうに強く生きたいです。

私は絵を描くことが好きです。ゴッホも絵を描くことが好きです。だけど私はゴッホのような絵は描けないし、ゴッホも私の絵をまねることはできません。人それぞれ違うものを描くというのはその人の個性を表すことができるので、すばらしいことだと思います。私には私にしかできないこともあるし、いろいろな人それぞれにしかできない自分だけの宝物を持っていると思います。その宝物をどれだけ生きているうちに出せるかが大事だと思います。その宝物が生きているうちに光らなくても、いつか誰かが見つけてくれることを信じてがんばりたいです。

ゴッホは生きているうちに数え切れないほどの苦労をたくさん経験して、あんな素敵な絵を描けたんだと思います。だから私もこれからたくさんイヤなことがあると思うけど、負けずにたちむかって、ゴッホのようにすばらしい人間になりたいです」

ゴッホにしかできないことがあるように、自分にしかできないことがある。それを確信できたとき、本当の意味で、先人のプライドに触れたことになるのだ。雪乃自身は、絵が完成したと思うことはない。見るたびに、ああすればよかった、こうすればよかったと思うのだ。この絵とはいったん離れても、雪乃の試行錯誤は心の中でずっと続いている。

太田は雪乃が描いたこの「ゴッホ」という絵を、美術室の中でも特別目立つ位置に、大切に飾り続けている。そして雪乃が卒業してからも、ひまわりを持った少女が部屋の中から山を見つめているこの絵を、多くの生徒たちがじっと眺めている。

ゴッホは、後世に残る作品を「うまい絵を描きたい」などの歪《ゆが》んだ動機ではなく、自分の気持ちをいかに伝えるのかという、ピュアな動機によって創作していた。雪乃は、彼の生涯を調べながら、そのことを学んだのである。

他にも、美術や医学にすぐれたレオナルド・ダ・ヴィンチを調べた生徒は、彼が名声を得たいからではなく、純粋な好奇心によってあれだけ多分野で成果を上げることができたということを悟っていく。

ナイチンゲールを調べた生徒は、彼女が戦争の最前線に行って看護をするという、当時の女性としては考えられない行動に出たのは「傷ついた人を助けたい」という一心だったことを知り、共感する。

みんなに共通しているのは、他人からほめられたいとか、名声を得たいなど「結果」を求めるのではなく、何かをやりとげようとする「プロセス」そのものに価値を見いだし没頭する、純粋な姿勢だ。

お金が欲しい、賞が欲しい、名声が欲しい、と「結果」を求めて動く人間もいる。結果を求めることは、時に必要なことであり、責めることはできない。

しかし、ほんとうに素晴らしいことをやりとげるには、先人のように、プロセスそのものに純粋に没頭する姿勢が必要になってくる。他人と自分を較《くら》べたり、結果によって右往左往することはない。結果のみに価値を見いだし、プロセスを「手段」として軽んじていては、ほんとうに素晴らしいことはやりとげられない——と、太田は生徒たちに教えているのだ。

しかし中学生は、高校入試という現実を突きつけられ、成績という結果にがんじがらめにされた環境にいる。そこでは、人よりも高い点数をとることばかりが評価され、自分の頭で考えながら勉強しようと、一夜漬けをして試験の翌日にすべて忘れてしまおうと、点数が良ければすべて良しとされる。教育システムそのものが、プロセスをなおざりにして、結果だけにこだわる子どもを育てる仕組みになっているのだ。

結果さえ良ければいいのではなく「プロセス」そのものに没頭する——。ある意味では「あたりまえのこと」が、今や「きれいごと」として、捨て去られようとしている。しかしそれでは、子どもが人間としてダメになってしまう。

だから太田は、美術でプロセスに没頭する体験をさせて、結果だけを追い求めていては決して到達できない領域まで、生徒を踏み込ませるのだ。

ピュアな心でプロセスに向かい合ったときに見えるのは、自分と作品だけ。自分の責任で選んだ先人の生涯を調べながら、誰もが「自分の気持ちを伝える」ことに没頭していく。

そうして生みだされた絵には「うまい絵を描いて、いい内申点をとろう」ということを目標に描かれた絵など吹っ飛ばしてしまうような存在感が生まれる。

「なんとしてもやりとげるのだ」という固い信念を持ち、行動した先人の生き方に触れるうちに、彼らの名声はあくまでも後からついてきたものであることに気がついていく。

そこで子どもは「じゃあ、自分がなんとしてもやりとげたいことは何だろう……」と考える。いい高校、いい大学、いい会社に入ることは、果たして「人生を賭《か》けてやりとげたいこと」なのだろうか。

自分はどう生きるべきなのか。誰もが、心の中で模索をはじめる。

# 第十章　大人の世界に触れさせる

## 美術の延長にあった「プロ意識」

これまでの学習を経て、生徒たちの内面は大きく成長してきた。自分はどう生きるべきか、真剣に考え始めるまでになったのだ。そこで太田は、生徒に将来の夢について調べさせ、身近な社会人に接触させる。生徒の心の中に育ってきたプライドとは、社会人の日々の仕事を支えるプロ意識と同質のものだ。自覚、責任感、決断力、独創性、実績、全力投球の姿勢、結果はもちろんだがプロセスも大切にすること——それらは、職業人が持っている「プロ意識」につながっていく。

子どもたちは、社会人の日々の仕事を支えるプロ意識が、自分たちが美術で取り組んできた調査研究や作品づくりの経験で得たものの延長線上にあることに気づいていく。

「プロ意識」には、自分が必要だと思ったことはどんな困難があってもやりとげようとする「強い意志」、すなわち「信念」が伴っている。

三年間の集大成として、子どもが社会人の「信念」をリアルに感じ取って、正しいプライドを持った人間になって卒業してほしい、太田はそう願っているのだ。

普通の中学生ならば、「将来の夢は何ですか」といきなり質問されても戸惑ってしまうだろう。しかし、太田の授業では「ヒューマンドリームビジョン」の学習で、地球に貢献した人物をテーマに選び、調査をして作品まで仕上げているから、誰もがスムーズに「将来の夢」を見つけだしていく。

ゴッホを描いた雪乃は、画家。ナイチンゲールを描いた紀子は、獣医。レオナルド・ダ・ヴィンチを描いた亜美は、看護婦――といった具合である。

この時点まで来ると、子どもたちの調査の腕前は相当あがっている。しかも自分の夢、というテーマは、卒業後の進路を決めなければならない中学生にとって、もっとも切実でタイムリーな内容だ。やる気は、ぐんぐんふくらむ。「調べるのが楽しくて、何時間かけても調べたりないくらい」という状態が起きる。

それまで「調べる」といえば、主に本を探して読むことだったが、「知りたい」という気持ちは、もはや本だけではおさまりきらなくなっていく。

プロの職業人に会いにいく、手紙やメールで質問する、施設に体験に行く、お店の取材に行くなど、生徒たちは、どんどん行動をはじめる。

もちろん手当たり次第に押しかけたり手紙を出すのでは、仕事の迷惑になる。事前に調べられるようなことは、徹底的に調べる。そのうえで、どうしてもその道のプロに直接聞かなければわからない疑問が生じたときに、質問するのだ。

## アナウンサーから返事が届く

三年生の奈美《なみ》は、アナウンサーになりたいと思っていた。アナウンサーの仕事の様子について、本や資料であれこれ調べてみたが、そこには書かれていない生の声が知りたいと思い立ち、現役アナウンサーに向けて質問をまとめたアンケート用紙を作成して送った。

いま、どんな番組に出演しているのか。

どうしてアナウンサーになろうと思ったのか。

アナウンサーになるのに一番必要なことは何か。

はじめてテレビに出演したときは、緊張しなかったか、今はどうか。

アナウンサーになっての実感、これからの夢・希望。

年齢制限はあるか、出身校は採用に関係あるか。

結婚するとやめなければならないのか。

つらく、苦しいのはどんなときか。

これらの質問は、本で調べてもわからない、アナウンサー個人によって答えが違ってくる質問である。そこまで深まっている点がポイントだ。

奈美はこれを、「ダメでもともと」と思いながらも、NHKをはじめとしてテレビ局に十何通か出してみた。

すると、現役アナウンサーから、返事の手紙がいくつも戻ってきたのだ。

テレビ東京で「ワールドビジネスサテライト」を担当する大浜平太郎アナウンサーは、アンケートに次のような答えを記入してくれた。

——はじめてテレビに出演したときは緊張しませんでしたか？　今はどうですか？

「当然緊張しました。テレビの前に何百万人の人がいると思うと震えました。最低限の緊張感は今でもありますが、それよりも、どのような言葉で伝えようか？　という意識で頭の中はいっぱいです」

――アナウンサーになっての実感はどうでしたか？

「自分の言葉で、自然体に伝えるためには、かなりの工夫と努力が必要だということを思い知らされています」

――これからの夢・希望などありますか？

「知識を身につけた上で、雰囲気や空気感を伝えられるようになりたいと思っています」

日本テレビで「きょうの出来事」を担当する豊田順子アナウンサーは、アンケート用紙ではなく、わざわざ縦書きの便箋《びんせん》にていねいな筆跡で返事を書いてくれた。

――アナウンサーになっての実感はどうでしたか？

「常に、新しいものへの挑戦があります。アナウンサーは台本通りにしゃべっているだけでもなければ、好き勝手にしゃべっているのでもありません。どこで、何を表現するのか。伝える物をしっかりととらえたうえで、ふさわしい言葉遣いをする必要があるし、間違った言葉を選ばないよう、細心の注意も必要です。更には、自分の声で伝えるわけですから、発声を鍛えることも求められます。放送する番組の中ではなかなか理解してもらえない部分ですが、職人・アナウンサーとして、私自身は『奥が深い仕事である』と、いつも実感しています」

——忙しいですか？

「忙しいです。それは単に、カメラの前でＴＶに出演していることが多いということではなくて、その時のために取材に出かけたり、より内容のある情報を伝えるために準備することもアナウンサーの仕事だからです」

——つらかったり、苦しかったりするときはどんなときですか？

「つらかったり、苦しかったり、嬉《うれ》しかったり、楽しかったり、大変なとき……などなどは、本当に様々です。ここに挙げたらきりがありません。もちろんアナウンサーという仕事に就いているからこそ感じられる醍醐味《だいごみ》はありますが、奈美さんの周囲で頑張って働いている大人のみなさんと同じ、一社会人として、毎日生活しているのです」

アナウンサーとしての自覚、責任感を厳しく持ち、何をどう伝えるか、次々に決断していかなければならない。華やかな表舞台に立つアナウンサーたちが、ハードな毎日の中で、ひとりの社会人としてのプライドを持って仕事をやりとげている様子が伝わってくる。

こうした返事を読んで、奈美は気がついた。

勉強をしてたくさんの知識を持つのは当たり前、そしていろいろな訓練も必要。でもいちばん大切なのは、自分の意志がはっきりしているかどうかなのだ。

自分の意志がはっきりしていない人は、きっと何をやってもうまくいかない。逆にはっきりしている人は、その目標に向かってどんなことにも立ち向かっていける。

今日も明日もあさっても、いつも頑張れば、少しでもアナウンサーに近づけるのだ。それを信じよう、と奈美は思った。

奈美は「自分の意志がはっきりしている」と書いているが、言いかえれば、これが太田が理解させたかった「信念を持っている」ということだった。

当然のことながら、奈美に届いたアナウンサーからの返事は、他のクラスでも太田がみんなに読んで聞かせる。

こうして誰もが、プロの社会人を支えるプライドと信念に触れていく。

## 仕事で疲れるのは当たり前

直也は「父のように建築士になりたい」と考え、インタビュー相手に父を選んだ。仕事についての話を聞き、現場にも一緒に行って実際に体験した。建築現場の暑さ寒さの厳しさ一つをとっても、仕事がどんなに疲れるものなのかを知り、直也は驚きを隠せなかった。しかし、父は「疲れるのは当たり前だから、それを大変だと思ったことはない」と言った。

父の思いがけないひと言に、彼は衝撃を受けた。社会人のシビアなプロ意識に直接触れる経験は、まだまだ自覚の甘い中学生にとって強烈なカンフル剤となる。厳しいことを当たり前と思っている父の姿勢を見て、直也の心には尊敬の念が生まれていた。

優子はフォトジャーナリストについて調べた。

インタビューをしてみようと思い、現役のフォトジャーナリストたちにメールで質問を送った。ほとんどの人が返事をくれた。みんなこの仕事につくために、つらい思いをしており、一人一人の言葉がとても重く、苦しい思いをした人だけが語れる言葉を持っていた。それを見知らぬ中学生に話してくれたことに、優子は胸が熱くなった。

調べているうちに、ベトナム戦争の写真を撮っていて、死んでしまったフォトジャーナリストが何人もいたことを知った。

戦争の本当の姿を世界中の人々に知ってもらうために、彼らは自分の命をかけて写真を撮っていた。

みんな、職業に理想と誇りを持っている。優子は「もちろんお金もほしいけれど、自分の仕事に誇りを持てることがなによりも大事だ」と思った。

良恵は、ギタリストをテーマに選んでいた。スケッチブックには大好きなロックバンドのギタリストについて、インディーズ時代の苦労話が載ったインタビュー記事の書き写しや、ギターの構造、機材、演奏のしかたなどが、こと細かに書かれている。

それらを調べた感想として、彼女はこんなことを記していた。

「あらためて、お金だけが人生じゃない。楽しめてそれに生きがいを感じられたら本物の人生だって思うようになりました」

ギタリストたちは貧乏時代に、バイト代をすべてバンドの費用にしていた。食事も満足にとれない生活であっても、彼らは生き生きと充分に楽しんでいたのである。

「やっぱり好きなことをやっているっていう快感は、お金があるってことより大切だなって思いました」

彼女の文章からは、お金にはかえられないギタリストの誇りというものを確実に感じ取っていることが窺《うかが》える。

容子は警察官について調べた。

非常に人々の役に立つ職業であることと同時に、すべての警察官がいい人ではないことを知って、がっかりした。特に印象に残ったのは、罪もない市民のバイクを警棒で叩《たた》いて、「やめてください」と言われてもまったくやめない警察官がいたことだ。

どうしてそんな人が、警察に入れるのだろう。インタビューに行った警察官も、「上司は頭ばっかり良くて、他のことは全然ダメだ」と憤慨していた。

調べていくうちに、容子は「警察官は心の教育ができている人でなくてはだめだ」という感想を持った。

「警察の試験では、どこまで国民や市民のためを思えるのかを試さなければ。私が警察官になれたら、そういうところを重視するように訴えたいです」

太田が生徒たちに要求してきた「責任の自覚」が、警察でも欠如してしまう時代になった。たったひとりの警官が自覚のない行動をしたことで、警察全体に対する信頼が崩壊してしまう。責任を自覚することが、いま、どれだけ忘れられ、どれだけ大切であるかということを、容子はひしひしと感じ取った。

太田は、ときどき一年生に、三年生のこうしたスケッチブックを読んで聞かせる。そして、いつにも増して神妙な顔で聞きいる一年生たちに、こう質問するのだ。
「この中でお父さんお母さんに向かって、クソジジイ、クソババアって言ったことある人、手を上げてみて。記録して何かに使ったりしない、ちょっと先生が知りたいだけだから」

すると、ひとり、ふたり、だんだん手が上がって、最後にはクラスの半数近くが手を上げた。女子も多かった。勉強がよくできる子も手を上げていた。

思春期の中学生にとって、父や母は口うるさく、うっとうしい存在に感じられるものだ。しかし正しいプライドと自覚が育ち始めるにつれ、社会人として大人として、両親は違った存在に見えてくる。

太田は、「仕事でつらいこと」について社会人が語った内容を、しばしば生徒たちに読んで聞かせる。

プロとして仕事をしていけば、当然うまくいかないこと、つらいことは起きるが、それでもみんな、壁を乗りこえながら生きている。いま、美術でひとつの作品をやりとげるのに辛《つら》い思いをしているが、社会人になればそんなことは普通のこと。社会人は、自分たちよりも、もっと辛い思いを乗りこえている現実を認識させるのだ。

そして、その辛さを乗りこえる原動力は「プロとしてこれだけはやりとげるべきである」という、仕事に対する誇りだ。子どもたちの中にもその気持ちを育てようと、太田はこれまで奮闘してきたのだった。

## 子どもたちに教えられたこと

自分の夢を調べる「パーソナルドリームビジョン」は、太田の授業の最終ステップに位置している。

この段階になり、社会人からプロの心構えを学び取ると、生徒たちの気構えや姿勢といったものは高いレベルに達し、それを知った大人が「中学生がこんなことを考えているのか」とびっくりするようなことが、しばしば起こる。

三年生の伊藤聡子は、「保育士になりたい」というテーマを選んだ。資料を調べるだけではもの足りなくなり、夏休みを利用して「すこやか保育園」にボランティアにでかけることにした。ここには障害を持っている子と普通の子が一緒に通っている。障害を持っている子の世話を数日間することになった。

一番最初は、入園してまだ間もない三歳の男の子の世話をした。この子はまだ少ししか話すことができないため、聡子は少しでも言葉を覚えてもらうように、「これはピカチュウだよ」とか「ワンワンだよ」とかいろいろ話しかけた。

「私がこのとき大変だなと思ったことは、男の子が今どういう気持ちでいるのかよくわかってあげられないことでした。だから保育士さんにアドバイスをもらいました。その子の顔の表情に注目してみて、ということでした。するとその子は、ちょっとしたことでも楽しいときには少しニコッとしたり、つまらない問いにはぶすっとした顔をして、自分を表現していました。私はこのとき、こちらからの言葉かけや働きかけに対して、子どもは何かしらの反応をしてくれて一方通行ではないことに気がつきました」

次に、生まれつき知的障害を持っている女の子の世話をした。この子は「アー」というぐらいしか話せず、まったく会話は成り立たず、集団行動もあまりとれない子である。

「私はこの子と今日一日うまく活動できるのか不安でした。そこで、保育士さんに『この子は何をして遊ぶのが一番好きか』ききました。その子は泥んこ遊びが好きということでした」

彼女は、その子とふたりでじょうろに水を汲《く》み、砂場へ行き、土の上に水をかけて土をこねはじめた。その子は土を握りつぶしてしまって、うまくお団子が作れなかった。そこで聡子は、自分の作ったお団子を手渡した。その子はそのお団子を地面に打ちつけてこわしては、ニコッと笑う。ふたりは夢中になってキャッキャッといって遊んだ。聡子は、いつの間にか幼い頃の気持ちに戻っていた。

「いま、改めて私が思うことは、最初からその子に何かしてあげるとか、やってあげるとか頭でっかちに考えるのではなく、まずその子の好きなことや関心をもっていることに一緒にトライし、自分自身も楽しむなかで、その子の興味や能力を引き出すことが大切なのかなということです」

年中組の全盲の女の子の世話もした。この子はふだんは人見知りが激しく、初対面の人には絶対になつかない。しかしふつうの子とわけへだてなく接し、一緒に遊ぶことができたせいか、聡子にはすぐなついてくれた。彼女はとてもうれしかった。

その子は五感のうち聴覚を主に使っているので、ものの言い方や言葉などに非常に敏感な耳を持っており、「少しでもこの子を見下したり、他の子と比較したりすると、まったく保育にならない」と保育士さんはアドバイスしてくれた。

保育園でボランティアをして、聡子はもっといろいろなことが知りたくなった。そして、聡子の中学校に来ているカウンセラーの先生に話を聞きにいくことにした。

先生からは、障害児を持っている親の大変さ、つらさ、そして喜びを感じるときのことを聞いた。なかでも、障害を持つ子の母親が、「神様にこの子を別の健康体の子ととりかえてあげるよ、と言われても、私はこの子を手放さない」と言ったという話は、強く印象に残った。

「私たちは障害児本人や、障害児を持つ親に対して、大変だろうなと同情だけで済ませてしまいがちですが、この母親のように、障害児の子どもを一人前の人間として認めることのできる愛情の深さに心を打たれました。

その反面、現在は子どもを虐待《ぎゃくたい》したり放置したり、お金のために殺してしまうという嫌なニュースが連日のように報道されています。原因のひとつに、自分自身が子どもの頃に充分に愛情が注がれていなかったため、自分の子どもに対しても愛情が薄れていることがあげられるのではないでしょうか。これからこのような事件が増えていくように思います。このような時代の中で保育士としての仕事の役割は、きわめて重要なものになると思います。

もし私が保育士になるとしたら、障害児の子も健常児の子もそれぞれの特性を認めあうことができ、また、命の大切さを認め、親といっしょに子どもを育てる環境作りや、人間関係づくりにつとめたいと思っています。そしてまた機会があれば、子どもと接することのできるボランティアをし、子どもたちにたくさんのことを教えてもらいたいと思いました」

夏休みが終わって、聡子が調査研究の発表をしたときに、太田は聡子の肩を抱きながらこう話しかけた。

「私、聡子さんに教えられたことがあります。びっくりしました。何が書いてあるのかっていうとね、この人より保育園の子のほうが、小さいんですよ。だから子どもたちに教えたことって書いてあってもおかしくない。でも、そうじゃなかった。なんて書いてあった？」

少し恥ずかしそうに、でも、きっぱりと聡子が答えた。

「子どもたちに教えられたこと」

「すごいねー。先生はそこのところで、本当にこの人すごいな、って思いました。で、この人はすごく体験もしているしインタビューもしているよね。実は、先生が美術で最初にパーソナルドリームビジョンをやってみたとき、体験とかインタビューってい う方法もあるってことを、みんなに投げかけてあげられなかったんですね。だけど、福祉の仕事をしたいという人が老人ホームに行って体験したことを書いていたんです。それを読んで先生は、本で調べるだけじゃなくて、そういう方法もあるんだ、これは生徒に教えられちゃったと思いました。そして今度は、伊藤さんは小さい三、四歳の子にまた、教えていただいている。

人間っていうのは、大きい人が小さい人に教えるだけじゃない。お互いが教えたり教えられたり、するものなんだな、と思いました。すばらしいね！　拍手」

この日の美術は授業参観にあたっており、授業が終わってから聡子の母親が太田のところに挨拶《あいさつ》にやってきた。

「まあ、聡子ちゃんのお母さん！」

「先生、本当にお世話になって……。うちの子は、小学校の頃はあんなんじゃなかったんです。ほんとうに。でも、美術の時間に自分のやりたい職業を見つけて、取り組んだことがすごく自信になって……。ほんとうに、自信がついたみたいで……」

話しながら、母親の目からぽろぽろと涙がこぼれた。小学生のときに引っ込み思案だった聡子は、美術の調査研究で太田にほめられたことで自信をつけ、どんどん積極的になった。本物のプライドと、自信を身につけたのだ。

「そんな、私の方が聡子ちゃんに教えてもらうばっかりですよ」

「先生の授業は、本当にいいきっかけだったなと思うんです。自分で何かやればそれだけ返ってくるんだと……。いい中学校生活を送らせていただきました」

「それは、彼女が純真で、無心になってやってくれるから。そういう子がひとりでもふたりでも育てば、地球は明るい、未来は明るいって思うんですよ」

「卒業まで、あと半年ありますけれど、先生いろいろまたお願いします」

聡子の母親は、何度も何度もおじぎをして帰っていった。

# 第十一章　「矛盾」を子どもに説明できるか

## 数字で輪切りにする内申書

十月。二学期の中間テストを控えた三年生が、授業がはじまってもなんとなく集中できず、ザワザワしていた。道具を用意する子も少なく、クラス全体に落ちつきがない。

「気持ちばかりあせっても、何も進まないのよ。今、やるべきことは何なのか、よく考えて下さい。先生は残念です」

きびしい表情の太田がきっぱり言うと、物音がぴたりと止まった。

一月。高校入試の時期に入ると、三年生はさらに落ちつきをなくしていく。

ある日の授業で、他の生徒が発表しているのに教室がうるさい時があった。それまでのやさしく丁寧な様子から、太田の顔色がさっと変わった。

「おいッ！」

ドスのきいた声で太田が叫び、教室が静まり返る。一瞬の静寂ののち、静かな声が響いた。

「……先生は、心が痛んでます」

シーンと聞き入る生徒たちの瞳《ひとみ》を見つめながら、太田は声に力を込めた。

「お友だちが命がけでやった発表に対して、その雰囲気をこわす権利なんて、……だれにもない！　頼むよ！

高校受験が、そんなに大変ですか。そんなことで、落ち着いて人の話も聞けなくなっちゃうんですか。どこの学校に行くかに価値があるんじゃない。大事なのは、そこで、何を学ぶかっていうことなんだよ。

この前、文部省のある先生がこんなことを言っていました。その先生は、自分の出身の県をいうと、『あ、先生、どこどこ高校の出身ですか』っていつも言われるんだそうです。その先生の行っていた学校じゃない高校の名前を言うんですって。

どこの高校を出たかということばかり気にして、そこで何を学んだかということは気にしない。そんなのは、間違っていますね」

「黙っていても、……表情と、姿勢を見れば、どんな気持ちかは、先生にはすぐわかります」

太田が話し終えると、横を向いていた子、キョロキョロしていた子、うしろを向いていた子が、すっかり前を向いていた。子どもの表情や姿勢は一変し、教室は水を打ったように静かになった。

公立中学校の教師には、生徒が高校受験をするときに、高校側に渡す内申書を作成する仕事がある。

内申書には、各教科の成績を「相対評価」によって記さなければならない。

相対評価というのは集団の中でどの位置にいるのかを数字で表す方法で、定められた割合に従って、一人の誤差もなく生徒をいくつかの段階に振り分けねばならない。たとえば一学年が二百人だとすると、七パーセントは十四人になる。一番高い評価の「5」と一番低い評価の「1」が与えられる人数は七パーセントだから、十五人でも十三人でもなく、絶対に十四人にしなければならない。決められた割合からはみ出した数字を内申書に書くことは、公文書偽造という犯罪行為にあたり、許されない。

ある教師は「神奈川の場合、通知表の数字が高校入試に直結していて大きい意味を持っていました」とこれまでの事情を説明する。

「内申書の『行動の記録』もすごく重要で、『内申書をよくする本』なんていうのも出ているくらいです。授業中まっすぐ手をあげて先生の目を見るとか、委員には必ずなれとか書いてあるそうですよ。実際、三年生になると子どもがそういうことを言い始めます」

行動の記録というのは、国語や数学などの教科のほかに「基本的な生活習慣」「自主性」「責任感」「勤労意欲・根気強さ」「創意工夫」「情緒の安定」「寛容・協力性」「公正」「公共心」などの項目や、係活動、委員、入賞歴などで構成されている。

「そういう意味で、子どもが『大人が思う良い子』を装《よそお》わなくてはいけない時代なんですね」

そして、三年生の二学期の通知表は、そのまま内申書として高校入試の資料になる。

「正直いって、三年生の二学期の評価を出すときなんて、私たちもすごく緊張します。子どもは『なんで僕は5が4にさがったんですか』と食いついてきますし、親だって『誰々ちゃんは何点なのにウチは何点だなんて納得いきません』と抗議してきます。みんな数字の神話に支配されていますから」

相模原市でも通知表の数字は相対評価で決められ、そのまま高校入試に直結していた。

## なぜ相対評価が問題か

相対評価のメリットは、自分が学校全体の中でどんな位置にいるのか正確に把握できる、教師が生徒を好きか嫌いかといった主観的な要素が入り込まず客観的に評価ができる、などだ。

デメリットは、あくまでも全体の中での順位を示すものなので、まわり次第で結果が左右されることだ。いくら本人が努力をしても、まわりも努力していたら成績はまったく変わらないし、ヘタをすれば努力をしたのに下がってしまう可能性もある。逆に、自分は特に努力をしなくても周囲の力が落ちれば、自動的に上位に浮上するケースもありえる。

教師にとって相対評価が辛《つら》いのは、全員の生徒がよくやっていたとしても、誰かに2や1をつけなければいけないことだ。評価の時期になると、「この子は割合でいくと2になってしまうが、3に相当するがんばりをしているので、なんとかならないか」と校長に直談判《じかだんぱん》に行く教師もいるくらいである。

教師だったら、誰でも全力を尽くした子には「5」をあげたいと思う。しかし、そうすると、高校入試のときに、いったいどこの学校に行けるのか、正確な自分の位置がわからなくなってしまう。だから内申書とまったく同じ方法で通知表をつけて、高校入試に備えていたのだった。

この問題について、文部省ではどう考えてきたのか。一九九六年から三年間文部省で初等中等教育局長をつとめた辻村哲夫《つじむらてつお》は、次のように話す。

「高校入試の資料として出す内申書は、様式にそって厳密な数字が必要になります。でも、生徒に渡す通知表に関していえば、どの数字が何パーセントじゃなくちゃいけないなんて、必要はないんです。内申書と通知表を一致させなくちゃいけない法律や法令も、どこにもありませんよ」

通知表の形式は、各学校の校長の判断で決めて良いことになっているが、相模原市では「通知表では五段階の相対評価をする」という取り決めがなされていた。

そして学期末には教師たちが「この子はよくやってるから3をつけてあげたい。でも、3の人数はもう一杯だ……」と悩んでいた。

二〇〇二年四月から小・中学校で生徒に渡す通知表は「絶対評価」に改められる。それにより、普段の成績については学習の到達度で判断されることになった。

作品を数字で評価することについて、太田はこう考えていた。

「子どもの考えはひとりひとり違っているから、ひとつの大きな目標に向かうプロセスにおいても全員が違うわけでしょ。だから、ほんとうは相対評価なんて、やろうとしたってできないことなのよ。パイロットになりたい子と、大工になりたい子と、歌手になりたい子と、ネイルアーティストになりたい子と、それぞれの子が仕事を通して貢献したいって言ったときに、ひとつの物差しで〇か×か△なんて計れるものじゃない。当然、相対評価みたいなやり方で子どもを見ていこうなんていう気は、さらさらないわね。でも、学校の職員という身分である以上、むりやり相対評価をしなくちゃいけないことになるでしょ」

やりきれなさそうに、少し沈んだ声になって太田は続けた。

「……しょうがないから、その方法で行うしかないけどね。でも、だからって百点満点のテストをしたり、相対評価をつけるための授業をしたりなんてことは、全然やっていないのよ。子どもひとりひとりが自分の考えで、自分で決断して、実行して、自分の目標に進んでいくわけでしょ。そのプロセスを私は見させてもらうの」

学期末になると、重くてかさばるスケッチブックが美術室に何百冊と山積みになる。太田は、ペーパーテストのかわりに全校生徒五百人以上、全員の作品とスケッチブックを、自分の目で見ていくのだ。

評価の対象になるのは、作品のできばえだけではない。図書館に資料を探しに行く、実際に職場体験に行く、社会人に手紙を書く、インタビューに行く……。どんな調査研究をしたのか、調べて書いた分量は何ページになったのか、どれぐらい深く考えているかなど、生徒の努力や創意工夫を評価するために、さまざまな視点から見ていくのである。こうした評価方法をするには、テストをおこなって点数を順番に並べるよりも、数十倍の時間が必要になる。

「結果なんていうのは、プロセスがあってのものだから」

太田は評価するときも、できあがった絵だけではなく、制作の過程で子どもがどんな努力をしたかを見ている。

「ね、生徒が書いているじゃない。逡巡《しゅんじゅん》する、って。そういうふうに、いったりきたりする中で、子どもの心は育つんだから。いっせいにテストで数字をはかるところに、プロセスも、逡巡も、へったくれもないのよ。いまの子どもも、大人も、結果だけを求めているでしょ。そこに問題があるのよね」

相対評価は、ひとつの結果、ひとつの物差しで全員をはかる方法だから、子どもがどんなに努力をしても、それが必ず反映されるわけではない。

太田は子どもを何十、何百もの尺度で見ているから「ほんとうは、子どもひとりずつに、それぞれ物差しがある」と考えている。それなのに、数字になった結果だけがすべてであるかのように扱われている現状は、実に耐えがたいことだった。

## 点数をつけて、ごめんなさい

授業を受ける生徒の中には、明らかに集中力が続かない子、作業の進行が目立って遅い子、何もできずにボーッとしている子が、必ず混じっていた。しかし太田に聞いてみると、それは授業にあまり来ない子、来てもほとんど何もできない子が何かをやろうとして机に向かっている姿であり、本人にすればびっくりするほど頑張っているのだという。

しかし本人がたいへんな努力をしていたとしても、まわりの生徒の絵が仕上げに入っている頃に真っ白な画用紙を前にしている状況では、完成も提出もむずかしいだろう。相対評価にすれば、「1」をつけざるをえない。そこから子どものやる気を継続させるのは、まさに至難の業である。

三年生の二学期の成績は、そのまま内申書となって高校入試の判断材料にされる。十二月、その二学期の成績を太田がつけなければならない日が迫っていた。ちょうどその頃、風邪をひいて学校を休んでいる子がいた。彼は成績のいい子だった。提出日の朝、彼はなんとか作品を仕上げて太田のところにやってきた。しかし体調が悪いところへ無理やり間に合わせて仕上げた彼の作品と、他の生徒が丹念に描き込んで仕上げた絵では、どうしようもないほどの差があった。

この結果、彼の美術の内申点は、数学や英語などの五教科よりもぐんと低くなった。当然ながら、志望校のランクを下げることも検討せざるをえない。

彼は「太田に美術の点数を低くされた」と担任に苦情を申し立て、さらに美術室へ乗り込んできた。「なんで俺の点数はこんなに低いんですか」

怒りをあらわにした男子生徒を前に、太田は静かに話しはじめた。

「あなた自身がわかっているでしょうけれど、精魂こめて描かれた他の人の作品があるのよ。それと自分の作品を見較《みくら》べて、どう思う？」

「でも、僕は風邪をひいていたんです」

「それは知っているわ。私もわかってる」

語り続ける太田の言葉が、涙声になった。

「そもそも私が数字をつけなくちゃいけないことが、間違っているのよ。あなたが志望校に行きたい気持ちも、よくわかる。……どうしてこうやって点数で人間をはかるようなことをしなければならないんだろうね」

最初はカッとなっていた男の子も、太田と向かい合っているうちに、ポロリと涙を流した。

そこへ突然、ガラッと美術室の扉が開き、太田がびっくりしてそちらを見ると、青ざめた担任教師が立っていた。

男の子が「美術の点数が低いから志望校に行けないじゃないか」と言いにきたときの剣幕から、担任は太田が殴られているのではないかと心配したらしい。しかし、ふたりは涙ぐんで静かに向かいあっている。担任はホッとして立ち去った。

逆のタイプとして、国語や数学が1や2なのに、美術だけは5という生徒も存在する。

「太田先生は頑張ったら必ずちゃんと見てくれる」と確信して、美術に誠心誠意打ち込んだ子どもたちだ。

しかし、子どもをいい学校に入れることで頭がいっぱいの親たちは、我が子はペーパーテストならラクをしていい点がとれるはず、調査研究や作品を仕上げる時間などは受験勉強の妨げだ、と考える。だから、学校には「美術は作品じゃなくて、ペーパーテストで成績をつけてください」という「苦情」が絶えず寄せられるのだった。

その子がどんなに精一杯であっても、作品を提出できなかったら3、4、5、をつけるわけにはいかない。それを、太田は泣き出しそうな顔をしながら、歯をくいしばるようにして話す。

「やっちゃいけないことをしているの。それをおかしいとは思っていても、声をあげていない。だからずっとこの現状が変わらないの。私は、入試や評定をなくすために何年間もお金、時間、体力を使って、ほんとうにそのために何年もの間いっしょうけんめいやってきたわ。教師の中には疑問すら抱いていない人もいるけれど」

数字で序列をつけることに対して、太田はいつも子どもに泣いて謝っていた。

「もともと持っているものが違うんだから、どんなに頑張っても描けない子だっているの。そしたらそれはそれで認めてあげなくちゃいけないのよ。それに数字をつけるというのは、やっちゃいけないことなのよ」

毎学期のように、太田は評価をつけるのはおかしいと考えていること、そのために学校の中でも外でも運動をしていること、それでも自分ひとりの力ではこの状況を変えられないことを生徒に説明した。

「これだけ全力で頑張っているの。でも先生の力が足りなくて、あなたがたに評価をつけなくてはいけない。ごめんなさい」

太田は、数字で評価をしなければならないことを、毎学期のように心から生徒たちに詫《わ》び続けるのだった。

太田が中学校で教師生活を送ったのは、偏差値による点数輪切りの全盛期である一九八〇年代、一九九〇年代である。しかも、勤務校が神奈川県内にあったところに、大きな意味があった。

神奈川では戦後まもなくから、公立中学全生徒を対象に「アチーブメント・テスト」が行われていた。これはのちに中学二年生の三学期に県下一斉に実施される九教科の学力テストとなる。

もちろん美術もペーパーテストだった。ゴッホ、ピカソ、ルドン、ドガといった画家の絵が並べられ、それに対応する説明文を選ぶといった類の出題がされていた。この「ア・テスト」の結果は、そのまま高校に送られて入試の合否判定の資料にされる。さらに、「ア・テスト」の学校別・科目別平均点は、学校名を数字コードにした一覧表になって県下の学校に配られていた。学校名は数字コードに置き換えられる配慮がされているが、そんなものは建て前である。どの数字コードにどの学校が該当するかは、教師たちにとって公然の秘密となっていた。各学校、各教科、各年度のテストの平均点まで明らかにされるから、どの教師が高い点数をとらせて、どの教師が低い点数をとらせているのか、半ば公然と比較される状況だった。

そのために二年生の三学期になると、どの教科の授業も「ア・テスト対策」に費やされていたのだ。神奈川県の公立中学出身者には、「二年生の三学期の期末テストは『ア・テスト』の模擬試験になっていた」と語る人が少なくない。

同じ時代に、他の県では業者テストが行われていた。「ア・テスト」のおかげで神奈川県は業者テストをやらないで済んだとか、学力維持装置としてのプラス面も指摘されてきた。しかし、県ぐるみでおこなっている公的なテストの結果が高校入試の合否に直接かかわる制度は、教師たちにも、生徒たちにも、相当なプレッシャーを与え続けてきた。

「ア・テスト」は、一九九〇年代半ばに廃止されているが、神奈川県の公立中学校に勤める教師の大部分は、こうした「ア・テスト」時代を長く経験しているのである。

その環境で、相対評価でゆがめられた子どもたちの自尊心を正しく立て直すために努力することは、太田にとってごく自然なことだった。

## 数字を越えた誇り

麻溝台中で太田の美術の授業を参観したとき、神奈川県茅ケ崎《ちがさき》市の中学校に勤める社会科教師の神本直子は、絵にうまいもヘタもないと言いつつ、数字で評価をすることの矛盾にすぐに気がついた。

「ひとりひとり違っていて、すばらしいわ」とは言っていても、一四パーセントは何人、というように相対評価で数字をつけなければならない。神本は、評価についてどう思っているのか、子どもたちに質問をした。

生徒たちは、「気にならなくはない。でも、いい」と言う。自分の評価が3であっても、作品とかやってきたことと、通知表の「3」という数字は無関係なのだ、と。「『だけどさあ、それはそうだけど』って私もそうとうしつこく聞いたんですよ。でも子どもたちは『そういうこととはもともと次元が違う』って突き抜けているんですね。自分が三年間調べたり体験したことや、何冊にもたまったスケッチブックというのは、他の子がやっていたものとも比較できないし、ましてや数字でわりふられるようなものではないと、ひとりひとりがものすごいプライドを持っているんです。見ただけでは、かなり軽い感じだなという男の子のグループと話をしたら、すごく気軽な会話なのに、言っていることが深くて、『おいおい……』って感じなんですよ。消防士になりたいって子が三人並んで座っていたんだけど、三人でつるんでインタビューに行かない、とか。『いいじゃない、仲がいいんでしょ。同じ日に一緒に行けば』って言うと、『だめなんだよ、それじゃ。同じ場所で同じ人に同じ話を聞くと、同じイメージが入って来ちゃうから、絶対行かない』って断言する。ははあーって、私は本当にびっくりしましたね。

そういう子たちですから、『ごめんね』って太田先生が泣きながらあやまれば、少なくとも美術の評価については、2がつこうが1がつこうが、自分は頑張ったんだという思いや、作り上げた作品に対する誇りが崩れてしまうことはないのかな……と思いますね」

草が一本一本違っている、クラスの全員がそれぞれ違っている。そうした「ものの本質を見る」ことができる眼を獲得できた生徒は、「うまい」か「へた」というひとつの尺度ではなく、それぞれのすばらしさを自分の眼で見ることができる。そうなれば「3」がついたからといって、自分自身に「3」の価値しかないのだという発想は起こらない。神本はいっそう真剣な口調になって続けた。

「これはとっても大事なことだと思うんです。相対評価なんていうのは、その学校で、上から何番目にいるから5だとか、それから何点低いから4だというだけであって、学校を出ちゃったら関係ないことなんです。その子が別の学校に行ったら、4だったのが5になるかもしれないし、5がついている子が3になっちゃうかもしれない。普遍の数字でもなんでもないわけですよ。

そういうことが私たちはわかるけれど、実際、評価される側の子どもたちは、とてもそんな気にはなれないですよね。卒業して十年ぐらいたって、ようやく『学校のときの3だとか2なんて、たいしたことがないや』って悟るときがくる。だけど、普通の子が卒業して十年たって悟ることを、麻溝台には中学三年生で悟っている子がいっぱいいるのかな、と思います」

高校入試の面接に、多くの生徒たちは美術で調べた「将来の夢」についてのスケッチブックと作品を持参した。面接では必ず高校卒業後の進路について質問されるから、これらを資料として答えようというのである。

ある生徒が面接で「看護婦さんになりたい」というテーマで描かれた作品を持参し、「発表してもいいですか?」と許可を得て話しはじめると、面接官は内容に圧倒されてしまい、しどろもどろに「すごいですね。美術コース志望ではないんですね?」と再確認した。この生徒は、面接が終わってから太田のところに喜び勇んで報告に来て、無事に合格することができた。

しかし別の高校の面接官は、自分の将来の夢について調査研究をしたスケッチブックと作品を持参した女子生徒に「そういうものは持ってこないで下さい。マニュアルにないですから見るわけにはいきません」と冷淡に言った。

後日、この生徒は美術室にやってきて、その経緯を説明しながら泣きだし、太田に抱きついた。

「マニュアルにないから見ないなんて考えは、間違っているよね」

彼女の肩を抱きながら、太田も泣いた。

冬休みに、三年生は受験勉強の最後の追い込みを迎える。そして一月の始業式の朝、美術室に三年生の男子がやってきた。

「先生、できた」

彼は絵を太田に手渡すと、言葉少なに教室をあとにした。その後ろ姿は、心なしか、大人びて見えた。

三年生の十二月の時点で、高校入試に関係する美術の内申点はすでに決定している。いまさら絵の完成度を高めて太田に見せたとしても、内申点は上がらないのだ。

しかし彼は、冬休みの間に作品を仕上げてきた。

絵のテーマは、「消防官になりたい」。真っ黒い闇《やみ》に、光り輝く消防官の金色のバッジと、燃えさかる炎が向かい合っている。

画用紙の裏側には、「絵の出来は、これまでで一番だと思う」という、自信にあふれた文字。どんな通知表の数字よりも強く確かなプライドが、そこにはあった。

# 第十二章　カリスマ教師までの道

## 驚異的な指導力

社会科教師の神本直子が、太田の授業をはじめて見たときのことだ。

まず驚かされたのは、普通の子たちが教師の話をのめりこんで聞く、その集中ぶりだった。

髪の毛を固めてツンツンに立てた男の子が、「私はこういうふうに生きていきます」と、みんなの前で、自分の言葉で、一生懸命に発表している。

誰もが、自分が成長するために、自分の意志で学んでいた。

発表する子の中には、すごく流暢《りゅうちょう》にしゃべる子もいれば、手が緊張でガクガク震えている子もいた。事前にトレーニングすれば、全員がもっとスラスラ話せるはずなのに、それをやっていない。授業を受けているのが、ごく平均的な公立中学校の子どもだということもわかったし、普段の授業から何かを取り繕った様子は、まったく見つからなかった。

もちろん全員が緻密《ちみつ》な絵を描いているわけではなく、中にはつたないタッチの絵もあった。しかしどの作品も、見ているだけで描いた生徒の気持ちが充分すぎるほど伝わってくる。

仕事柄、神本はこれまでも沢山すばらしい授業を見たことがあり、そうとう目は肥えている。それなのに、時間がたつのも忘れて、のめりこんでしまった。

帰りの車の中で神本は、一緒に授業を見た同僚教師の大森知恵子と、こんな感想を述べ合った。

「時間がたつのがあっという間。なんか、映画を見たあとみたいな疲れ方がしない？」

「一生懸命見て、エキサイトして、終わったら『はぁ～』っていう感じだったね……」

それほどまでに、見る者を引き込んで集中させてしまう授業だったのだ。

音楽教師の大森知恵子は、合唱指導の実績で注目を浴びるなど、かなり実力派の教師である。大森はこのあと、もう一度太田の研究授業を参観する機会があり、そのとき周囲からどんな反応が出るのか、観察していた。

どの教師も、太田の授業に公立の普通の子どもたちが見事に反応する様子を見て、

圧倒され、衝撃を受けている。そして教師たちの感想が漏れ聞こえてくるのだが、その中で大森がひっかかったのは、

「すばらしいと思うけど、あの方だからできるのよね」

「あそこまではとてもできないわ」

「あれは持ち前の才能でしょう」

というものだった。

太田の授業は個人的なカリスマ性や教師としての天才的資質があって可能になった「特殊なケース」であり、自分が参考にするのは無理だと考えてしまう教師は、決して少なくない。

逆に「自分も同じことができる」と気軽に受け止めてしまう教師もいるが、これは勘違いである。実際、過去には太田に学ぼうとして安易に「いい子」というフレーズを連発し、かえって生徒に反発されてしまった教師もいた。

では、自らも「授業の達人」である大森は、太田のことをどう見ていたのだろうか。

(他人が一言一句同じセリフを授業で言っても、彼女と同じような効果をあげることはできない。彼女は、自分の指導法を作り上げているから、驚異的な指導力を持っているのだ)

太田が長年の試行錯誤を繰り返し、いまの太田になったように、試行錯誤を重ねて自分の指導法を作り上げることが、太田に匹敵する指導力を身につけるための最短コースなのだ。

(彼女が見せてくれているのは、授業の方法というよりは、「ひとりの教師がここまで子どもの力を引き出せる」という可能性ではないのかしら……)

太田の授業を見てから、大森はそんなことを考えていた。

## 積み重ねた創意工夫

教室を自分の空間にしてしまうオーラ、子どもを引きつけてしまうカリスマ性。しかしこれらが太田に最初からあったわけではない。

教師になる前の姉について、太田の妹は「絵はとびきり上手だったし、明るく人付き合いも良いタイプでした。でも、カリスマ性なんて、若い頃にはまったく持っていなかった」と、証言する。社会人となった太田の息子たちも、「自分の母親が先生だなんて、いまだに信じられないですね。それぐらい、家では普通の母親でした」と口を揃《そろ》える。

太田が教師になったばかりの頃の教え子たちは、「太田先生はいつもドーンと構えていて、校長や教頭のような偉い人が来ても、毅然《きぜん》としていたという記憶がありますけれど、カリスマ性とは違いましたよ」と話す。

太田の授業を一度見ただけでは、「この人はもともと授業の天才なのだ」と感じるかもしれない。しかし、長期間観察すると、太田が気が遠くなるような小さな創意工夫を、無数に積み重ねてきたことがわかる。

子どもは嫌いな人の言うことは聞かないし、威厳のない人物はバカにする。だから太田は、教育者らしくあるために服装やメイクなど身だしなみから、話しかた、姿勢まで、すべてを徹底してきた。そして、生徒に人間として好感を持ってもらうと同時に、外見から授業に対する意気込みを表現し、威厳を保つ。そうすると、子どもは自然と真剣な態度になる。

そして太田は、必ず休み時間のうちから教室で生徒を出迎える。授業が終わると、ひとりひとりの生徒を教室から送り出す。これらは教師が子どもに愛情を注ぎ、子どもの心理状態をよく知り、子どもに自尊心を持たせるためにも欠かせない行為なのだ。

休み時間を生徒のために費やすと、当然ながら太田には休憩する時間も、トイレに行く時間さえもなくなってしまう。結果として、トイレにゆっくり行き、ホッとひと息つけるのは、授業のない空き時間になってからになる。

二学期、三学期になっても、太田はいつも授業の前には顔写真入りの名簿を確認して、子どもの顔と名前がスラスラ出てくるように努力する。教師が子どもに対して真心をこめた態度を示し続けることで、子どもの心に「自分はダメじゃないんだ」という自尊心をどっしりと根づかせていく。

子どもの絵を額に入れて飾ったり植物を置くなど、美術室を手間暇かけて、心をこめて整える。学校では買ってもらえないけれど、どうしても必要だと思ったものは、自費で買い揃える。教室を整えることは子どもの自尊心を高めるだけではなく、子どもの美意識やセンス、イメージづくりにも重要な役割を果たす。「あなたはそれでいいの？」と問いかけたときに、どうしたらいいのか生徒自身が自然に思い浮かぶように、日頃から無意識にたくさんのお手本を目に触れさせておくのだ。

指示のタイミング、言葉のかけ方には、細心の注意を払う。どうしたら生徒の気持ちを引き付けられるか、太田は常に考え続けてきた。

そうして生まれた工夫のひとつが「子どもが集中しないうちは、大切なことは絶対に話さない」ことだ。そして、子どもに語りかけるときには、明るい声、おだやかな声、厳しい声など、さまざまなトーンを使い分ける。ときに早口でまくしたて、ときに内緒話のようにささやき、時には涙を流しながら、生徒の気持ちを一身に引き付けて、太田は語る。十年前の授業のビデオと近年の授業を見較《みくら》べると、語りにずっと迫力が増し、太田がこの十年で語りの技術をかなり磨き上げたことがわかる。

子どもの心を深く知るために、太田は何百人、何千人ものスケッチブックや作文を丹念に読み続けてきた。その結果、「この子はどんな子なのか」「何をどれぐらいできるのか」ということを見抜く力が養われた。だから、子どもの能力にぴったり合った課題を与えることができる。全力を出しているかどうか、太田は必ず見破る。それを悟ると、子どもは手抜きをしなくなる。

そして太田は、生徒本人にとって不可能なことは求めない。だから誰一人として、不可能なことを要求されて失敗し、みんなの前で恥をかく経験をしないですむ。やがて生徒は、いつでも自分の顔を立ててくれる教師のことを、強く信頼するようになる。太田にとって一番忍耐のいる作業は、「自分はどう生きるか」「そのために何を学ぶのか」を、繰り返し繰り返し、毎時間のように生徒に語り続けることだった。

どんなに時間がなくても、「なぜ」という部分を省略して生徒に命令することは、絶対にしない。命令は子どもを変えないが、「なぜ、それを行うべきか」を理解すると子どもは変わるからである。

「『どうして』という根本的な部分を納得させないと、だめなのよ」と、太田は力説する。

「自分はどう生きるべきか、学習はなんのためにするのかという話を、いつもいつもするの。そして、『席に着こう』『私語はやめよう』と、子どもたちの方から思うようにさせなくちゃね。『一生懸命思索にふけっている人の横で私語をしたら迷惑をかけるから、ダメなんだ』ってわかったら、私語はなくなるのよ」

子どもの自尊心に「あなたはどう行動するべきなの?」と問いかけながら、自覚、責任感、判断力をはぐくむ。それこそが教師にとって、もっとも忍耐と根気を要するプロセスなのだ。

このように太田は、常に力を振り絞って創意工夫を行い、自分自身を磨いてきた。そこからにじみ出る自信が「カリスマ性」や「オーラ」の正体なのである。長い年月をかければ、誰でもベテランにはなれるが、カリスマ性となると漫然と毎日を過ごすだけでは身につかない。多くの教師が「信じられない」と驚愕《きょうがく》するような授業の裏には、数え切れないほどの創意工夫が隠されていたのだ。

## 生徒一人一人をよく見る

このように太田が地道な積み重ねをしてきたことについて、全国学校図書館協議会の理事長をつとめる笠原《かさはら》良郎は、「彼女は熱心なんだけど楽しくやっているところが他の人と違いますね」とコメントする。熱心さの度合いから言ったら、太田に負けない教師は全国に沢山いるのだが、太田のようには楽しんでいないと言うのだ。

特に若い教師に多いのは、理論を組み立ててから実践しようとして、現実を悲観的に見てしまうことだ。「他の教師の認識が低い」「オレがこんなに一生懸命なのに子どもは困ったもんだ」「今の教育はなっとらん」というように。しかし笠原は、「太田さんはその逆」だと言う。

「彼女は、まずは実践から出発して、理論を組み立てていく。子どもをよく見て、ひとりひとりにきちんと対応しているから、成果がどんどん出てくるんです。去年より今年というように、本人もいろいろなチャレンジをして成長していますね」

太田は子どもに対する先入観にとらわれず、子どもの実態を把握することに全力投球している。相手をよく知らないのに、やみくもに突っ走ったりはしない。子どもの実態とズレていると、いくら努力しても成果が出ないことを知っているからだ。「いつになっても生徒に教えられることは多いのよ」と太田は言う。実際、太田にはこんな経験がある。

入学してきた生徒のひとりは、家庭が荒れていたストレスから、小学生の頃から動物を虐待《ぎゃくたい》しており、太田の目など見ようとしなかった。あるとき廊下にクラス全員の作品を掲示しておいたところ、彼の作品に添えられた名前の部分が、爪《つめ》かカッターのようなもので削られ、名前が読めなくなっている。いったい誰がこんなひどいことをしたのだろうかと、太田は心を痛めた。

ところがあとになって、それは彼が自分でやったのだと太田は気づいた。問題を抱えていつも目立っていた彼は、みんなの中に埋没したかったから、自分が描いたことをわからないようにしたくて、名前を消したのだ。

それまで太田は、彼のことを特に気にかけてこまめに声をかけ、可愛《かわい》がっていたのだが、その件を境に特別な気づかいを表面的には一切やめた。授業中に指名するときも、他の生徒が順番に発表するところに混ぜる。教室に来るとき、帰るときにも、みんなと同じように声をかけるよう心がけた。

すると、彼はどんどん変わり始めた。クラスの中で、居心地が良くなってきたのだ。やがて彼は、太田の目を見るようになり、自分から「先生」と声をかけ、学習にも前向きに取り組むようになった。三年生になると、将来の夢も自分で決めて「いま下向きになっている業界を、僕が入って立て直してやる」と発表し、クラスの誰にもひけをとらない作品を仕上げた。彼の変貌《へんぼう》ぶりを振り返ったとき、太田は「まだまだ子どもに教えられることがある」と痛感した。

ある関係者は、「結局、太田先生は、ものをよく観察させて、本質を見させている」と言う。

「作品を作りながらものを観察していくと、何ひとつ同じものなんてないことが実感できる。そうやって深くとらえていくと、いいかげんに描けなくなるし、自然と絵が緻密《ちみつ》になるのです。

先生自身も子どもをよく見て、一人ひとりを認めている。先生に認められて、友だち同士で認め合えれば、子どもはそんなに荒れませんし、先生の言うことだって聞きますよ。

太田先生は、別に特別なことをやっているわけじゃない。当たり前のことを、一つひとつ丁寧にやっている、その積み重ねだと思いますね」

工夫すると成果が出る、それが楽しくてまた工夫する。太田自身が「ものの本質を見る」「子どもの本質を見る」眼力を持っていることが、この前向きなサイクルを創造するためには不可欠だったのだ。

## 職員室での不協和音

これだけ授業に熱心に取り組んでいたら、まわりの教師や管理職から高く評価されてもよさそうなものである。しかし、現実はそう単純ではない。自分が正しいと信じる道を徹底的に貫こうとすると、まわりと協調性を保つのは、どこかの時点で不可能になる。太田には「社会や地球に貢献して人に認められる、その喜びを子どもに体験させたい」という理想があった。そして、その理想とまわりとは、絶えずぶつかり合う関係にあった。いくらすばらしい教育をして全国的な評価を受けようとも、太田は身近な学校関係者から、ほとんど理解をされず、煙たがられてきたのである。

中学校に移ったばかりの頃、文化祭を目前に控え、展示の準備をするため、生徒に放課後残って作業をしてもらおうとした。太田は知らなかったのだが、中学校における放課後とは、部活動の聖域なのである。運動部の顧問にとっては、主要五教科でない美術のために部の活動を侵害されるなど、まさに言語道断。顧問からは「美術は部活には差しさわりない範囲でやってくださいよ」と苦情が来た。授業よりも部活のほうが大切なんだという口ぶりに違和感を感じたが、太田はわざと丁寧な口調で、毅然《きぜん》と「そうですか。こういう事情があったんですけれども……」と言い返した。

それからは、授業時間以外に美術に取り組ませるときには、運動部の顧問から苦情が出ないように神経をつかわなければならなかった。生徒が家に持ち帰って作品を仕上げることに対しても、「やりすぎだ」と苦々しく見る教師が多いのだ。察しのいい生徒は、部活の顧問教師の前で「美術が……」と口にして機嫌を損ねないよう気をつけていた。

また、こんな話もある。

校内で何か暴力事件が起きるたびに「昼休みに学年の教師で教室の見回りをしましょう」という提案がされる。生徒たちがトイレにこもってふざけているのを「何をやっているんだ」と、声をかけたりするのだ。教師たちがウロウロしていれば、確かにそのときは暴力事件も発生しない。しかし一ヶ月ぐらいたつと、見回りは自然消滅し、また生徒は暴れ始める。

　太田には、昼休みの見回りなど、単なる対症療法にしか思えなかった。美術室で生徒たちを出迎えることが、暴れない心を育てる第一歩だ。見回りで不在にしたら、それができなくなってしまう。昼休みに「制作をしたい」とやってくる生徒にも声をかけてあげたいのに。どうして根本を変える努力をしない人たちの言い分に従って、自分の努力を邪魔されなければならないのだろう。太田は腹立たしかった。

　教師の間で昼の見回りについて提案が出ると、太田は「昼休みは貴重な時間です」と反対意見を言い、その場はシラケた。もちろん太田の肩を持つ教師は誰もいない。結局、見回りは実施されることになり、太田も参加したが、「太田先生は協力的でない」というイメージが、なんとなく残るのだった。

　さらに太田は、校長や教頭に向かって「美術にペーパーテストは必要ありません、なぜならば」と、自分の信じる教育理念を説明してきた。するとある管理職は、「どうしてやらないんだ」と執念深く太田のあとを追い、美術室までやって来た。「さっき説明したとおりですから」と太田は必死に繰り返した。管理職のこのような行為に対して、味方になってくれる教師は誰もいない。「どうして、いつもこんな思いをしなければいけないんだろう。教師の世界って、本当に嫌だ」と、太田は悔しくて悲しくてたまらなかった。

行事が終わったあとの打ち上げ、といった教師同士の付き合いには、太田は基本的に参加しなかった。思いのほかエネルギーと時間をとられるからだ。そんな余裕があったら、子どもを伸ばすために使いたい。実際、冬休みや夏休み中も太田は学校にきて、スケッチブックをじっくり読んだり美術室を整えたりしていた。

授業のために力を振り絞り、ときには寝不足と過労から体調を崩してしまう。美術展への出品作業が切羽詰まって腰を痛め、注射を打ちながら締め切りに間に合わせたこともある。

「教育に使ったお金を全部貯金していたら、かなり貯《た》まっただろうな」と思うほど、ポケットマネーも惜しげもなく費やしてきた。教師同士の付き合いをパスすると、職員室での仲間意識は深まらないが、何かを切り捨てなければ、膨大なエネルギーを授業に注ぎ込むことはできなかった。

しかし他の教師にしてみれば、授業にそこまで気力、体力、お金をつぎ込む必然性は、なかなか理解できないことだった。教師といえどひとりの人間であり、四六時中生徒のことだけを考えていられるわけではない。家庭もあれば趣味もあり、休日にはゆっくりしたいと思うのは当然である。教師という仕事にだけ全力を注いできた太田と他の教師たちとは、相容《あいい》れないところがあった。

そのため、太田が「子どもの可能性を伸ばしたい」という一心でやっていることが、単なる「やりすぎ」、「変な教師」にしか見えない。あるときには「美術は主要五教科じゃないんだ。そんなに一生懸命やられると、迷惑なんだよ」とも言われた。

本来なら熱心なことをほめるべき管理職にも「そんなに美術がやりたければ、教師をやめて家で塾でも開けばいいんだ」と言われてしまう。そのたびに太田は、やり場のない気持ちを抑えて「それは子どものためにやっていることですので」と毅然と返した。そして美術準備室に戻ってから、「この教育はどうしても必要なんだ。何としてもやり抜くんだ」と、ひとり悔し涙を流したのだった。時には一晩じゅう悔しさがおさまらず、泣き続けて一睡もできなかったこともあった。

四十代半ばになって、コンクールで成果を挙げ続ける太田の名前は、徐々に知れ渡っていく。一部では管理職への出世コースである指導主事に選ばれて、教育委員会入りしてもおかしくないとも ささやかれていた。教育委員会に入れば、自分が信じてきた教育を、もっと広げることが出来る。自分の教え子以外にも、正しいプライドを持たせてあげられるかもしれない。しかし、教壇に立って十年にも満たない教師歴の浅さ、女性というハンディに加え、管理職への受けが良くないのでは、教育委員会に入ることなど、まず無理だった。コンクールといった、目に見える形で優れた指導力を残しても、教師社会の中で評価してもらえることはなかったのだ。

太田は、次第に教師社会に絶望感を感じるようになっていった。自分の力をきちんと評価してもらう場面は、読書感想画中央コンクールの審査委員長といった、学校の外に求めていくしかなかった。

長男が高校三年になったとき、先生になりたいと言い出した。体育の名物教師に随分とかわいがってもらい、「お前は教師になって母校に戻ってこい」と励まされたのだ。

しかし太田は、「絶対にやめてほしい」と懇願した。

自分は、子育てと両立でき、しかも一人前の収入を得られる仕事が他になく、やむをえず教師になった。そして、プロとしてやるからにはいい仕事をしよう、と全力で努力して結果も出してきた。だが、管理職やまわりからは「女のくせに生意気だ」と評価されない。一生懸命やった人間が辛《つら》い思いをするような狭い社会に息子を閉じこめたくない。もっと広く生きてほしい、と思ったのだ。いくら長男が話しても太田は頑として聞き入れず、大学で教員免許を取ることすら許さなかった。結果として長男はエンジニアになった。

ミュージシャンになりたい、ネイルアーティストになりたい、建築士になりたい、と夢見る子どもの気持ちを心から応援している太田だが、このときだけは「教師になりたい」という夢を応援できなかった。それだけ、自分を評価してくれない教師社会に傷つき、絶望していたのだ。

しかしずっとあとになって、太田は「あの子は本当は先生に向いていたかもしれない。申しわけないことを言ってしまった」と反省する。

太田の指導力がますます評判になり、新聞社やテレビ局が取材にくるようになっても、まわりの教師はお世辞にも「すごいですね」と言わなかった。ある男性教師には「美術の授業に図書室で調査をするのが珍しいっていうわけ？　俺も図書室を使って授業をやってるんだけどねえ。なんで俺のところに取材に来ないで、太田さんのところなんだ」と、面と向かって言われたこともある。太田は「私は、自分はどうしたら地球に貢献できる人間になれるのか考えさせているのよ」とひと言説明して、あとは取り合わなかった。

「一生懸命いいことをやっているのに、どうして温かい目で見てもらえないんだろう……」
太田が理不尽な思いを訴えるたびに、母はじっくりと聞いてくれた。そして「あなたは間違っていないのよ。そんなことでつぶされちゃだめ」と励まし続けてくれた。ほかにも、陰でこっそり支える教師や関係者に会うたび、太田は「こんなことを言われたのよ。ねえ、おかしいと思わない？」と、訴えた。職員室では堂々と反対意見を言い、図太く見える太田だが、ほんとうはデリケートで、周囲に何か言われるたびに、いちいち傷ついていたのだ。

太田を応援する生徒の母親と電話していたとき、「先生、まわりの無理解にめげないで頑張って」と励まされて、太田は「そんなに私、頑張れない。だって、みんな応援してくれるって言っても、それは気持ちだけでしょ。実際に味方になって行動してくれる人が誰もいないんだもの。私もうやってられない」と弱音を吐いた。その母親は、他の母親にも声をかけ、二人で連れ立って校長室に「太田先生はいい教育をやっているんです。おかげでうちの子は伸びてます。太田先生をよろしくお願いします」と直談判《じかだんぱん》に行った。まさか本当にそんなことをしてくれるなんて、太田は思ってもみなかった。涙が出るほどありがたかった。

「もうだめだ、とてもやっていけない」と何度も絶望感を味わいながらも、決してめげてしまうことはなかった。母や、陰ながら応援してくれる人々、そしてなによりも、自分の授業を受けた子どもたちの成長ぶりが、太田を支えたのだ。いつしか太田は「まわりの先生たちに、私の教育を理解してもらえなくても、別にいい。邪魔さえされなければ」と割り切るようになった。その後も太田が指導力を磨くにつれ、周囲の教師たちとの溝はいっそう深くなっていき、摩擦は絶えなかった。職員室で太田は、仲間はずれに近い孤独感を味わっていた。

## 絶対にゆずれない信念

地道な努力は、孤独でつらいものである。いったいなんのために、そこまでやる必要があるのか。それを見失ってしまうと、それまで積み重ねてきた努力が、すべて崩れてしまう。自分が目指す授業を作り上げるためには、地道な作業も必要だし、理解してもらえない辛さにも耐えなければならない。

太田には「人に認められる喜びを、すべての子どもに経験させたい」という強い信念があった。だからこそ、やるべきことを見失わず、辛さをはねのけることができたのだ。

実際、太田について語る教育関係者のほぼ全員が、「あの信念はすごい」と口を揃《そろ》える。「太田先生には『これをベースにして美術をやるんだ』『これは絶対にゆずれない』という信念がある。だから、ああいう教育ができるんでしょうね」と言う人もいた。

では、それだけ強い信念は、いったいどこから来ているのか。ある人物は、それは離婚を乗りこえたことで身についたのではないかと話す。

「人間って、不幸や困難に向かえば向かうほど強くなるでしょう。すべてが順風満帆にいっているときよりも、何かが起こったとき、それをクリアすると自分に対する自信ができる。『失敗してもいいや、やっちゃおう』という度胸や落ちつきが、迫力になるのでしょう。

太田先生が離婚して、女としてひとりで生きていくのは、本当に大変だったと思います。ただのお嬢さんだったのが、生きていくためにすべてを変えてやってきたわけだから。でも、女は弱し、母は強し、ですよ。たったひとりで生きるか死ぬかっていう修羅場をくぐりぬけてきたから、度胸も据わるし、少々のことではへこたれない自信がついたんでしょうね。いま、太田先生の中では、なにもかも自分で抱えて乗り切ってきたエネルギーが、全部教育に向いているのではないでしょうか」

離婚のほかにも、太田の人生には何度か修羅場があった。

一九四〇（昭和十五）年に旧満州・ハルビンに生まれた太田は、五歳のときに引き揚げを経験している。父はシベリアに抑留され、母と子どもたち四人は真冬の満州で収容所暮らし。腸チフスが流行し、凍った死体が毎朝のように山積みになった。そして内陸のハルビンから日本への船が出る港まで、母親の手を握りしめて二十日間歩いた。途中、不発弾の爆発に母が巻き込まれて血まみれになったときは、もうダメかと思った。なんとか母子四人で日本にたどり着くことができたが、三ヶ月後、赤ん坊だった妹は栄養失調で命を落とした。

壮絶な引き揚げのあいだ、母は常に自分たちを守ってくれた。自分も、子どもは命がけで守り抜こうと思った。そして太田は、病弱な息子が病気をするたびに、生きるか死ぬかという場面を、母親として何度も乗り越えてきたのだった。

## 人間を輝かせる「正しいプライド」

「自分は何を考えていて、これからどうなりたいのか」と、太田は繰り返す。

しかし、いまの学校教育の中では、自分で考えて行動するのは、難しいことだ。テストの点数だけが人間の評価であるという固定観念にとらわれた子どもは、「どうせ自分はダメだ」と思って自暴自棄になる。多くの教師が「子どもは管理しないと大変なことになる」という思いこみから逃れられずに、子どもに命令し、とにかく服従することを要求している。

いっぽう社会では多様化が進み、実力だけがものをいう弱肉強食の時代が到来している。「勝ち組」「負け組」「社会の階層化」という言葉が新聞や雑誌にたびたび載るようになった。子どもも大人も、自分はダメだという気持ちに陥りやすい状態にある。しかしそこで自分を一面的な尺度で評価してしまったら、誇りを持って前向きに生きていくことができなくなってしまう。

子どもを数字でランク付けする学校という環境にありながら、太田は多くの生徒を「その気」にさせ、まわりに左右されない本物のプライドを持たせてきた。

無気力、いいかげん、自暴自棄な子どもがそこまで変貌《へんぼう》するには、いくつかのステップがある。

まず最初に、威厳と迫力をもって接し、責任と自覚を求める。

そしてすべての子どもに愛情を注ぎ、大切にされていると実感させる。

学習に取り組めるようになったら、「うまい」「へた」でものを見るのではなく、絶対評価的な、ものの本質を見る観察力、鋭い感受性を育てていく。

すると、友だちの絵を「うまいかへたか」という観点で見なくなる。自分の絵もへたではないことが実感できるようになり、自尊心が芽生えてくる。

つぎに、生徒を試練に取り組ませる。

今の子どもは、受験やテスト以外の試練に直面することが非常に少なくなっている。立ちむかう試練は、点数を多くとるといったものではなく、答えがないものを自分で探すとか、自分だけの表現をつくりあげるといった創造的なものであればあるほど良い。試練そのものに真っ正面から真剣に向き合い、自分自身でどうするか考えざるを得ないからだ。このような経験をすることが、正しいプライドを育てる。

しかし、子どもにとっては、自分で何かを探す、自分で考えるという試練に、立ち向かうまでが難題である。そこで、子どもに「自分は自由なのだ」という意識を持たせ、その気にさせてしまうのが、指導者の腕の見せどころだ。そのために教師は、事前に子どもとの信頼関係をつくり、ものの見方を変えさせ、いろいろな要素を吸収させ、語りかけを積み重ねておくのである。

このように、試練に立ち向かい、自分で判断する経験を積ませて、子どもの判断力を育てる。さらに世界は広いことを繰り返し語りかけ、生徒の好奇心を刺激し、探求心を呼び覚ます。

調査の進め方、作品づくりにおけるちょっとしたヒントやアドバイスは与えても、本質的に自分が何を表現したいのかという問題については、子ども自身に考えさせる。質問されても、「それは教えてあげられないのよ」と、黙って見守る。どうやって困難を解決するか、あれこれ工夫するところに、生徒個人のオリジナリティや独創性が生まれるからだ。

こうして自分だけのオリジナルな「感想」を作り上げ、さらにそれが作品という実績になり、友だちの前で発表して拍手されると、誇らしいという気持ちが生まれる。この「やりとげた」「認められた」という誇らしい気持ちが、ほんとうのプライドなのだ。

正しいプライドが育っていくプロセスは、試練を乗りこえるための自己決断の連続だ。それを繰り返すことによって「自分らしさ」が明確になり、個人としてのアイデンティティが見えてくる。「自分らしさ」を直視することは、人間として前に進むために不可欠だ。しかしそれは同時に、力のない弱い自分に直面することでもある。そのときに何かをやりとげて認められた経験があれば、自分の弱さを克服する勇気が出る。自分が何者なのか自覚すると「私のやりたいことはこれだから、これは必要、これは必要ない」と、ものごとを即座に判断できるようになる。すると、迷いがなくなり、どんどん行動できる「強さ」が身につく。

こうして、「責任感」「自覚」「自尊心」「観察力」「感受性」「判断力」「探求心」「独創性」などが発達し、信念が生まれてくる。それらは社会人になったときに高いプロ意識となり、人間を自分らしく輝かせるのだ。

いまの太田には、教師として人間として、やるべきことを全力でやってきたという、揺るぎない自信がある。彼女の人生にはたくさんの試練があったけれど、子どもの心と対話しながらヒントを得て、いつも新しい試みに挑戦を続けた。チャレンジすればするほど、子どもたちは目をみはる成長を見せ、太田を励ましてくれた。

「自分は誰なのか」「自分は何をしたいのか」を探し続け、数々の試練を乗りこえながら、太田は教師としての夢を実現してきた。だからこそ、他人が試練にチャレンジして、自信を獲得する手助けができるのだ。

あるとき、「先生の元気の素《もと》ってなんですか?」と質問されると、太田はとても嬉《うれ》しそうな笑顔でこう答えた。

「子どもって、はじめは全然光っていなかったのに、一生懸命磨き続けると、ピカッ! ってダイヤみたいにものすごく光りはじめるの。磨くのはとっても大変なんだけど、それがあるから、やめられないのよね!」

そう語る太田自身は、息をのむほどまぶしかった。

子どもが光りはじめる喜び——それは、太田自身が、出世したいとか、有名になりたいといった動機からではなく、どこまでも純粋に教育という営みに没頭してきた証拠である。

正しいプライドとは、「自分のあるべき姿」に向かって全力で挑み続けようとする信念にほかならない。それこそが、人をダイヤのように輝かせるのだ。

# あとがき

一九九九年の夏、お茶の水女子大附属小学校の前・副校長だった古市憲一氏が、太田先生を新潮社に紹介した。それからまもなく、知人のエッセイスト笠原《かさはら》真澄さんから私のもとに「教育に詳しいライターを新潮社で探している」というメールが届く。そして担当編集者である郡司裕子さんの紹介で、私と太田先生は出会うことになる。音楽ライターの私が、なぜ教育に詳しいのか。それは、ライターになる前、産休に入った音楽の先生の代わりとして、中学校で教師をしていたからだ。

大学院を卒業して間もない七月に着任し、一年生と三年生の音楽の授業を全クラス、一年生の美術の授業を二クラス、そしてブラスバンド部の顧問をつとめた。秋には、中学校の教員採用試験の合格通知が届いた。正式な身分の教師としても、中学校で音楽を教えたかったのだが、翌年、配属された先は養護学校だった。

養護学校には、知的障害のある子どもたちが通ってきていた。そこで教えることは教育の原点に立ち返ることでもあり、貴重な経験だったが、教師としての資質が厳しく問われた。私は自分の力不足に直面し、教師とは心身ともにバイタリティにあふれ、現実を受け入れる強さを持つ人でなければ務まらない仕事であることを思い知らされる。新米教師を見守り育ててくれたまわりの先生方や生徒達には申し訳なかったが、教師は無理だと判断し、一年あまりで退職することにした。

その後、私は音楽雑誌でライターの仕事をはじめ、音楽の授業の取材レポートを書いたり、音楽教師向けの研修会の様子をまとめたりした。そして徐々に、ピアニストやジャズ・ミュージシャンのインタビューなども依頼されるようになった。これはこれでバイタリティのいる仕事で、大変ではあったが、私には授業よりもこちらのほうが向いていたようだった。

教育現場からは離れたものの、中学校でやり残した課題は、ずっと心に引っかかっていた。三年生がタバコを吸って大問題になったとき、自分の対応は果たして正しかったのか。授業中に生徒がケンカを始め、音楽室のガラスが割れたとき、彼らにどう接すればよかったのだろう。ふだんの授業や日常生活でも、自分にできることがもっとあったのではないか。力が不足していたことはわかる。では、どうすればよかったのだろう。この疑問は、ライターになってからも、消えることがなかった。

そんな私にとって太田先生の授業を拝見することは、取材であると同時に、もう一度新米教師の気持ちに戻って、達人に学ぶかのような経験だった。数年前、のどから手が出るほど知りたかった貴重なノウハウが、そこには凝縮されていたのである。「あの頃、これがわかっていたら」と、幾度もため息をついた。

太田先生の態度には、教育の基本がある。威厳があって、愛情にあふれた人物こそが、教師として生徒に信頼されるのだ。これから教師になろうとしている人や、部下の指導を手がけはじめた社会人、そして子育てをしている親御さんたちにとっても、太田先生は自分がどんな態度をとり、相手にどう接するべきかというよきモデルになってくれるに違いない。

この本の単行本時の担当編集者であった郡司裕子さんは、最近大ヒットした単行本『電車男』の編集者として、すっかり有名になった。今思えば、郡司さんと太田先生は、仕事への強い情熱と人を育てるセンスを持っている点で、よく似ている。

それまで私は、単行本を書いたことがなかった。雑誌の原稿はたくさん書いてきたけれど、本なんて出せるのだろうか。そんな不安を抱えた私を、郡司さんは「大丈夫。あなたなら書ける」と励ましてくれた。「私は文章が下手なんじゃないか」と不安がってみせれば、「下手じゃないよ」と断言してくれた。あまりに郡司さんが持ち上げてくれるので、私は調子に乗って下書きをはじめた。

できあがった原稿を送り、打ち合わせをすることになった。私は「何といわれるのだろう」とびくびくしながら、新潮社にある打ち合わせ用の小部屋でお茶をすすっていた。ここでお茶を飲むのも、もしかして今日限りかもしれない。しかし、その後現れた郡司さんは、まず「すごくよく書けている！　単行本を初めて書いたとは思えない！」と言ってくれたのだ。

今になってみれば、おそらく欠点だらけの原稿だったと思う。しかしそのときの私にとっては、涙が出るほど嬉《うれ》しい言葉だった。普段の私は、原稿のダメ出しをされても、めげることなく書き直すタイプである。しかし、あのときだけは、生まれて初めて本を書くという巨大な山を目前にして、自分はやれるという自信がもてず、最初の一歩を踏み出すのが怖くてたまらなかった。あのとき振り絞った小さな勇気を認めてくれる編集者がいたからこそ、この本が出せたのだと思う。

その後も郡司さんは、原稿を見せると、まずは具体的にほめ、そして改善ポイントをひとつだけ言うのだった。すると私は、「そうか、まずそれを直そう」「これを調べてみよう」など、即座に行動を起こすことができた。すると「あっ、これも直そう」

と他のことも見えてきた。

原稿が仕上がってくるにつれて、本を書くことに対しても自信が持てるようになり、「ここをどうしようか」といきなり問題点の検討に入っても平気になった。今思えば、郡司さんのアドバイス法は、太田先生の教え方とそっくりだ。どこの世界でも、よいコーチというのはみんな似ているのかもしれない。


この本が出た二〇〇二年は、ちょうど公立小中学校で「総合的な学習の時間」がスタートした年だった。そのため、太田先生の教育は、総合的な学習のさきがけとして注目を浴びることになる。私は、普通の学校でも太田先生のような授業ができる枠組みが整ったことに期待していた。だが、その後、いわゆる「ゆとり教育」への批判、学力低下批判が相次ぎ、文部科学大臣が中学生に謝罪する事態にまでなった。

私はここで、ゆとり教育に関する論争に加わるつもりはない。だが、総合的な学習の時間について考えるとき、太田先生の教育が重要な実践例であることも確かだ。いわゆる「総合的な学習の時間」と太田先生の教育には共通点が多いが、違いもある。

もっとも大きな違いは、太田先生の教育では、教科としての基礎基本と総合的な要素が密接に絡《から》み合っている点にある。一年生が最初に雑草を描き、野菜をつくる学習で、太田先生は美術における基礎基本、ものの見方、感じ方を徹底して叩《たた》き込んでいる。総合的な要素を増やしていくのは、その段階を経たあとだ。

その後の活動でも、配色の原則や表現手法など、つねに基礎基本を強化・発展させている。生徒たちは深い調査研究の結果として自分の考えを持ち、「表現したい」という気持ちを持っている。そこに高度な表現技法が共存しているから、中学生にあれだけクオリティが高い絵が描けるのだ。太田先生の教育では、美術という専門分野に根ざしていることで、総合的な活動の密度が濃くなっている。

他の教科の場合も、太田先生のように基礎基本を「手段」として総合的な学習に有機的に融合させていくことが、学力向上と生きる力を両立させる鍵《かぎ》になるだろう。

二〇〇二年には、もうひとつ大きな変化があった。小中学校の通知表の評価が、相対評価から絶対評価になったのだ。つまり、すごくよくやっていれば、全員の通知表に最高点の「5」をつけることも可能になった。高校入試の内申書については各都道府県の判断に委《ゆだ》ねられているが、絶対評価を採用する県が増えつつある。

資本主義社会では、能力によって稼げるお金に差がつくから、そういう意味で序列をつけられることが当然になってしまっている。しかし太田先生が主張するように、本来人間の価値は数字で計れないものだ。絶対評価の導入にあたっては同じ「5」という数字でも中学校によって実態が違いすぎているなど、問題も起きている。それでも、頑張った子に対して数合わせのために「2」「1」をつける必要がなくなったのは、前進といえるだろう。

単行本『りんごは赤じゃない』が発売されたのち、太田先生の教育は新聞・雑誌・テレビなど、各方面で紹介され、二〇〇三年二月にはNHK教育テレビ「ETV2003」にて、「いのちがけで教える　河合隼雄と太田恵美子の対話」が放映された。また、本書は韓国語にも翻訳されて出版されている。

太田先生は二〇〇一年三月に定年を迎えて退職され、現在はNPO法人グローバルドリーム ビジョン インターアクション（GDVI）の理事長をつとめ、全国各地で大学、教師の研究会、PTA協議会、生涯教育の研究会、企業などを対象に講演活動を続けている。ほかにもGDVI教育の展覧会や、子どもを対象にした「ドリームサークル」において、教育指導もおこなっている。

二〇〇四年度には、エネルギー教育の支援拠点大学に指定されていた群馬県の前橋工科大学において、総合的な学習の一環としてのエネルギー教育について、太田先生がシンポジウムや講演をおこなった。

栃木県栃木市では二〇〇五年度から市をあげてグローバル ドリーム ビジョン教育に取り組み、これを広め、小中学校に定着させようということになった。初年度は教師に、二年目からは子どもたちに、太田先生が授業をおこなう予定だ。また、日本女子大学で講演をおこなったときには、聴衆だった大学生のなかから七人が直接太田先生に話を聞きにきた。彼女たちは今年度から現場の教師になり、グローバル ドリームビジョンを実践しようと希望に燃えている。

退職してからの太田先生は、学校に勤めていた頃より一段とパワーアップしたようだ。文庫化について連絡をとると、「現在も未来も平和ですばらしい地球社会にしたいの。何年かかっても、このグローバル ドリーム ビジョン教育を世界に根付かせたい。そのために生涯をかけて、この教育が普及するまで努力するわ！」と、はずんだ声が返ってきた。

著者の私は、『りんごは赤じゃない』が出版されたあとに出産して、一児の母になった。太田先生が、授業中に突然子どもの顔を見て「あなた、お手洗い行ってらっしゃい」と声をかけたとき、「どうしてそんなことがわかるのだろう」と不思議で仕方なかったものだが、育児を経験すればそのぐらいの観察力はつくものだと今はわかる。子どもを抱っこする毎日で、すっかり筋肉のついた自分の二の腕を見ながら、ふと取材のときに聞いた「女は弱し、母は強し」という言葉を思い返す。

仕事は今も続けており、音楽雑誌に原稿を書いたり、新しい単行本を執筆したりしている。本を書くというのは、太田先生の教育における調査研究と発表そのものだ。どうしていいのかわからず、途方に暮れたときには、本書を取り出し、雪乃《ゆきの》がゴッホを描いた第九章を読み直すことが多い。すると、自分がプロセスに没頭しきれず、結果だけを求めようとあせったのだと気がつく。固定観念にとらわれない鋭い観察力を身につけ、プロセス没頭体質になる、というのが目下の目標だ。

単行本出版の際には、新潮社出版企画部の笠井麻衣さんに原稿のとりまとめをしていただき、今回の文庫化にあたっては、新潮文庫編集部の田中久子さんにお世話になった。取材に協力してくださった数多くの方々、単行本発売の際に推薦の言葉をくださった河合隼雄先生、柳田邦男先生。みなさまに心から感謝の念をささげる。

二〇〇五年五月

山本美芽

# 「育てる」楽しさ

河合隼雄

心理療法の仕事に対して、「よくそれだけ辛抱強くできますね」と言われることがある。他人の苦しみや悩みにずうっと耳を傾けて聴いているのだから、たまらないだろうと言うわけである。「気が長い」と言われたりもする。しかし、それは事実と異なる。私は気が短い人間だし、辛抱強くもない。それではなぜそんなことができるのか。それは話をしっかりと聴いていると、その人自身が成長してゆく、その姿を見るのは何とも言えぬ楽しみだからである。その人が輝いて見えるだけではなく、そこから私も多くのことを学べるのである。人が育ってゆくのは素晴らしい。

こんな経験をよくするので、私は「教育」というのは、「教える」ことも大切だが「育てる」、「育つ」ということも大切だ、それにもかかわらず、日本の教師は「教」に重みをかけすぎて「育」のことを忘れすぎる、とかねがね言っていた。

ところが、本書に登場する、中学校の美術を教える太田恵美子先生は、まさに

「教」と「育」を兼ねそなえた素晴らしい先生なのである。太田恵美子先生は、中学校の美術教師になると、二年目には教え子が「読書感想画中央コンクール」で最優秀賞を受賞し、その後も多くの生徒が入賞を続け、その卓越した指導力は全国的に有名になる。この書物は、太田先生の授業のドキュメンタリーであり、その教師としての姿勢、生き方を記録したものだが、その全体像が生き生きと的確に描かれており、美術ということを超えて、すべての教師にとって実に学ぶところの多いものである。

太田先生の素晴らしいところは、教育に命をかけていると言っていいほどの迫力である。美術室を美しくし、生徒が入ってきてもホッと感じるほどにする。授業のはじまる時間は先に行って生徒を待ち受ける。服装にもちゃんと気を配る。するべきことをちゃんとすると、その人には自《おのず》から「威厳」が備わる。このように威厳ある先生だから、生徒の一人ひとりのいいところを見つけてはほめ、暖かく接することに、大きい教育効果が生じてくる。

子どもをほめることが大切、「教えこむ」より「引き出す」ことが大切、などと言っていても、それをする大人の姿勢がぴしっときまっていないと、甘くなってしまい、時には生徒になめられてしまう。ところがこれを間違って、怒ったり、どなったりばかりしても、その人の持つほんとうの威厳のないときは、何ら意味がない。

太田先生には、どんな「ワル」の中学生でもちゃんと接するようになる。「こちらがきちんと接すると、子どものほうも乱暴な態度では返してこない」というのは真実である。このようにして、美術を通じて生徒たちは、自分の生きる姿勢を正すことを知り、自分の見出《みいだ》した課題に取り組んでゆく。

太田先生の授業から学ぶことは多い。最近、図工や音楽の授業時間が少ないので、何もできないと嘆く教師がいるが、それは「教えたがり」の人である。美術の時間は週一、二時間である。それであるのに、生徒たちは自分の取り組もうとする画材との関連で「調査研究」に自主的にどんどんと力を注いでゆくので、結局のところ、何時間も学ぶことになるのだ。

「調査研究」に当って、先生は「何を調べなさい、どこまで調べなさい」などと一切言わない。生徒の「自己決断」をあくまで尊重する。こうなると生徒は先生顔負けの仕事をする。先生は、したがって、「子どもたちに教えられること」が多くなる。こうしたところから、生徒たちが優秀な作品を生み出してくるだけではなく、自分は将来このような仕事をしようとか、こんなふうに生きようということまで見出してくる。

これこそ「本来の教育」の狙《ねら》うところだ。「授業」時間は少なくとも、子どもが自主的に学ぶ時間は増加し、成果も大きい。知識のつめ込みではなく、生徒一人ひとりの創造力や責任感が高められるのだ。

太田先生の例が示すように、教育では先生の生きる姿勢が非常に大切になってくる。それは「教え」ていないようだが、相当なエネルギーを必要とするのである。「育てる」楽しさにひかれて、エネルギーが出てくるのだ。

本書は教育の本質に深くかかわるものとして、教師のみならず指導的立場に立つ多くの人に是非読んでいただきたい書物である。


（「波」二〇〇二年六月号より、文化庁長官）

この作品は平成十四年五月新潮社より刊行された。

江戸家魚八著
魚へん漢字講座

鮪・鰈・鮎・鯒——魚へんの漢字、どのくらい読めますか？　名前の由来は？　調理法は？　お任せください。これ1冊でさかな通。

大谷英之写真
大谷淳子文
ありがとう大五郎

一九七七年、夏。淡路島から連れ帰った奇形の子猿「大五郎」は二年四カ月を懸命に生き抜いた。命の輝きを伝える愛と感動の写文集。

おーなり由子著
天使のみつけかた

会いたい人に偶然会えた時。笑いが止まらない時。それは天使のしわざ。あなたのとなりの天使が見つかる本。絵は全て文庫描下ろし。

おーなり由子著
しあわせな葉っぱ

かみさま、どうかどうか、ハッピーエンドにしてください——。他人には見えない葉っぱと暮らすひとりの女の子の切ない恋の物語。

長田百合子著
母さんの
元気が出る本

お母さん、自信を持って！——学習塾を経営し、数多くの不登校児童のメンタルケアを行ってきた著者による「母親のあり方」講座。

長田百合子著
親なら親らしく！

「親らしさ」とは何か——ひきこもり・いじめ・非行など、千人以上の子供たちを救った著者が壮絶な現場と予防法・解決策を明かす。

小柴昌俊著
やれば、できる。

小児マヒ、成績ビリ、予算なし……ノーベル物理学賞受賞も凄いけど、もっと凄いこれまでの人生。小柴センセイは実は「挫折王」だ。

斎藤学著
家族依存症

いわゆる「良い子」、「理想的な家庭」ほど、現代社会の深刻な病理〝家族依存症〟に蝕まれている。新たな家族像を見直すための一冊。

斎藤学著
「家族」はこわい
—まだ間にあう父親のあり方講座—

セックスレス、中高年離婚、非行、いじめ、引きこもり、仕事中毒、初老期うつ病……現代日本の父親のあり方を精神科医がコーチする。

藤原正彦著
父の威厳 数学者の意地

武士の血をひく数学者が、妻、育ち盛りの三人息子との侃々諤々の日常を、冷静かつホットに描ききる。著者本領全開の傑作エッセイ集。

下田治美著
ハルさんちの
母子ケンカ日記

反抗期の息子と更年期の母の日常は不条理でいっぱい！ ユーモアと根性を武器に荒波に立ち向かう史上最強の母子エッセイ、見参！

石原清貴著
沢田としき絵
「算数」を探しに行こう！
「式」や「計算」のしくみがわかる五つの物語

算数が苦手な子供とおとな、そしてすべての世代の数学好きに贈る算数発見物語。現役の小学校の先生が処方した、算数嫌いの特効薬。

## 新潮文庫最新刊

柳田邦男著
**言葉の力、生きる力**
たまたま出会ったひとつの言葉が、魂を揺さぶり、絶望を希望に変えることがある――日本語が持つ豊饒さを呼び覚ますエッセイ集。

沢木耕太郎著
**シネマと書店とスタジアム**
映画と本とスポーツ。この三つがあれば人生は寂しくない！ 作品の魅力とプレーの裏側を鋭くとらえ、熱き思いを綴った99のコラム。

唯川恵著
**人生は一度だけ。**
恋って何？ 愛するってどういうこと？ 友情とは？ 人生って何なの？ 答えを探しながら、私らしい形の幸せを見つけるための本。

よしもとばなな著
**引っこしはつらいよ**
**―yoshimotobanana.com7―**
難問が押し寄せ忙殺されるなかで、子供は商店街のある街で育てたいと引っ越し計画を実行。四十歳を迎えた著者の真情溢るる日記。

伊丹十三著
**再び女たちよ！**
恋愛から、礼儀作法まで。切なく愉しい人生の諸問題。肩ひじ張らぬ洒落た態度があなたの気を楽にする。再読三読の傑作エッセイ。

伊丹十三著
**日本世間噺大系**
夫必読の生理座談会から八瀬童子の座談会まで、思わず膝を乗り出す世間噺を集大成。リアルで身につまされるエッセイも多数収録。

# りんごは赤《あか》じゃない
## —正しいプライドの育て方—

新潮文庫 や-53-1

平成十七年七月一日発行

著者 山《やま》本《もと》美《み》芽《め》

発行者 佐藤隆信

発行所 株式会社 新潮社

郵便番号 一六二―八七一一
東京都新宿区矢来町七一
電話 編集部(〇三)三二六六―五四四〇
読者係(〇三)三二六六―五一一一
http://www.shinchosha.co.jp

価格はカバーに表示してあります。

乱丁・落丁本は、ご面倒ですが小社読者係宛ご送付ください。送料小社負担にてお取替えいたします。

印刷・二光印刷株式会社 製本・憲専堂製本株式会社



ISBN4-10-118841-6 C0137